Neuroeducación: ¿Cómo aprende el cerebro?

Neuroeducación: ¿Cómo aprende el cerebro?

Consejo Escolar de Navarra
Nafarroako Eskola Kontseilua

Gobierno de Navarra
Nafarroako Gobernua

Título
Neuroeducación: ¿Cómo aprende el cerebro?

Secretaría del Consejo
Mª Cruz Planchuelo Aranguren
Ana Reclusa Burgui

Este trabajo se encuentra bajo una licencia Reconocimiento - Compartir Igual 4.0 Internacional.
Para citar la fuente: Gobierno de Navarra, Consejo Escolar de Navarra

Ilustración de portada
Sheila Martínez

Fotos de las Jornadas
Ane Álvarez, Aitziber Guerra, Elena Muñóz

Maquetación
José Joaquín Lizaur

Impresión
Ziur Navarra, S.A.

DL NA 2723-2023
ISBN: 978-84-235-3694-8

Promoción y distribución
Fondo de Publicaciones del Gobierno de Navarra
C/ Navas de Tolosa, 21
PAMPLONA
Teléfono: 848 427 121
fondo.publicaciones@navarra.es
https://publicaciones.navarra.es

Índice

Presentaciones

9   Carlos Gimeno Gurpegui. Consejero de Educación de Navarra.

13   Manuel Martín Iglesias. Presidente del Consejo Escolar de Navarra.

Ponencias

17   Neurodidáctica aplicada en el aula. Marta Torrijos Muelas.

27   Claves neuropedagógicas para la actuación educativa. David Bueno i Torrens.

35   Neurociencia y funciones ejecutivas. Javier Tirapu Ustárroz.

41   Neuroeducación aplicada a pedagogías activas. Una mirada desde Mendigoiti. David Castrillo Álvarez.

47   Turno de intervenciones.

Mesa redonda

53   Desafíos y límites de la Neuroeducación.

Clausura

59   Manuel Martín Iglesias. Presidente del Consejo Escolar de Navarra.

Presentación

Carlos Gimeno Gurpegui
Consejero de Educación de Navarra

Es un verdadero placer y un honor poder presentar estas importantes jornadas sobre "Neuroeducación ¿Cómo aprende el cerebro?". Es un tema relevante, que ha suscitado un gran interés en la Comunidad Educativa y nos va a permitir disfrutar de ponentes que son verdaderas autoridades en la materia.

Quiero aprovechar la ocasión para agradecer, además de felicitar al Consejo Escolar de Navarra en la persona de su Presidente, Manuel Martín, por el esfuerzo y la brillantez tanto en su diseño como en la organización de las mismas.

Pero mi agradecimiento como Consejero se extiende no solo a estas jornadas, sino a todas las que la Comunidad Educativa ha desarrollado, las que el Consejo Escolar de Navarra ha trasladado bajo su presidencia, con aportaciones finales en todas ellas de mucho empaque y ámbitos como un Pacto Social sobre la Educación, como el Tratamiento Conductual Positivo o la Organización de la Jornada Horaria de los centros, por poner solo unos ejemplos de aportaciones que además están siendo recogidas por el Departamento de Educación y que se van trasladando al sistema educativo navarro con planes y promociones normativas. Buena muestra de ello es el protocolo de evaluación, análisis e intervención ante conductas problemáticas que conllevan una grave desregulación en alumnado con necesidades educativas especiales o el programa piloto que se prepara en el momento actual para el CPEIP "Victor Pradera", valorando la organización horaria del centro, teniendo en cuenta los ritmos de sueño ajustados a los ritmos biológicos y la adecuación de los horarios de las materias a los ritmos cronopsicológicos sobre el rendimiento académico del alumnado, tal y como estableció el Doctor Pin Arboleda en este mismo escenario hace bien poco.

Son muestras, hechos, de una gestión compartida y colectiva de la educación.

Seguro que las aportaciones que se trasladen estos dos días podrán sumarse e influir de forma positiva en la gestión educativa de la Comunidad Foral. Ese también es un deseo por mi parte.

Por lo que concierne a la neurociencia en la educación, entiéndanme que en un foro como este y con ponentes de relevancia significativa sobre la materia deba manifestar cierto rubor y cautela respecto de mi intervención ante la cuestión. No obstante, les quiero compartir que mi trabajo y dedicación profesional como psicólogo del lenguaje, en otro momento profesional de mi vida, permite apreciar la importancia de estas ciencias en el conocimiento del sistema nervioso y su relevancia educativa.

En todo caso, permítanme reivindicar, cuando menos de forma institucional, la importancia educativa que tiene un ambiente de aprendizaje equilibrado, motivador, que genere en el alumnado un mejor aprendizaje. Que pueda poner en valor y reivindicar el mayor conocimiento de cómo se aprende "socialmente", construyendo activamente la comprensión y los significados a través de la interacción activa y dinámica con el entorno físico, social y emocional.

Mañana se celebran asimismo en esta Comunidad Foral unas jornadas sobre escuela rural que organiza el Departamento de Educación. La escuela rural, entre otras cuestiones, permite al modelo y proyecto educativo de sus centros un contacto muy interesante del alumnado en el proceso de enseñanza-aprendizaje con su entorno más próximo, cuestión que seguramente será compartida por la neuroeducación y explicada en estas jornadas con acervo, como el que se establece también en esas orientaciones claves durante los primeros años de vida, no solo del contacto con la naturaleza y el entorno al que me refería, sino de la legalización de los movimientos y la necesidad de poder madurar, es decir, de crear nuevas redes neuronales.

El cerebro necesita experiencias nuevas para posteriormente desde el punto de vista evolutivo ser más receptivos/as para aprender aptitudes, potenciar por ejemplo la comprensión de un texto y aprender a razonar de forma matemática y lógica.

Creo que va a ser importante en estas Jornadas, desde las diferentes ponencias, aprender elementos claves en el proceso educativo para conocer mejor la atención, saber cómo

Neuroeducación: ¿Cómo aprende el cerebro? ISBN: 978-84-235-3694-8

suscitar interés en el conocimiento, saber más sobre la emoción, sobre la sorpresa, la empatía, o por los períodos críticos para activar al alumnado ante eventos consolidando recuerdos de manera más eficiente si me permiten.

Los aprendizajes de estas Jornadas estoy seguro que reactivarán actuales y suscitarán nuevos debates sobre el sistema educativo y la necesidad de replantearse desde la Administración Educativa modelos y actuaciones de gestión educativa, diseñando nuevas prácticas acordes con esta predisposición.

Acabo como comenzaba, agradeciendo el trabajo en la organización de estas jornadas, la participación de muchos profesionales dando idea de una gran vocación de función pública y del reconocimiento de la necesaria formación y actualización profesional que el Servicio de Ordenación, Formación y Calidad asegura y consolida.

Muchas gracias y feliz jornada.

Presentación

Manuel Martín Iglesias
Presidente del Consejo Escolar de Navarra

Nuestra calurosa bienvenida a estas XXIX Jornadas sobre "Neuroeducación: ¿Cómo aprende el cerebro?" que vamos a inaugurar, organizadas por el CEN, el cual tengo el honor de presidir, junto con la inestimable colaboración del Museo de Navarra, gracias al convenio de colaboración de ambas entidades y al Departamento de Educación, al servicio de Ordenación Formación y Calidad, de Tecnologías e Infraestructuras Tic Educativas, por su apoyo y dedicación a estas Jornadas. En estos tiempos, y ya desde el Covid, las jornadas tienen la modalidad de presencial y online, y a lo que se observa, por la inscripción, lo presencial es residual respecto a lo online en este tema.

Quiero iniciar estas Jornadas mostrando nuestro profundo agradecimiento al Sr. Consejero de Educación de Navarra, Carlos Gimeno Gurpegui, tanto por asistir a esta Jornada, como por realizar la apertura de estas jornadas.

De igual forma, es de estimar la presencia de eminentes ponentes, D. David Bueno i Torrens, doctor en Biología, director de la Cátedra de Neuroeducación UB-EDU1st y profesor e investigador de la Sección de Genética Biomédica, Evolutiva y del Desarrollo de la Universidad de Barcelona, Dña. Marta Torrijos Muelas, de la Universidad de Castilla-La Mancha, de la facultad de educación/psicología, D. Javier Tirapu Ustárroz, psicólogo clínico y neuropsicólogo clínico que ejerce su labor clínica en la Clínica San Juan de Dios en Pamplona. Ha impartido más de 800 conferencias, ponencias y cursos de divulgación sobre temas de neurociencia. Cuenta con más de 280 publicaciones y 8 libros relacionados con la neuropsicología. Es premio nacional de Neurociencia Clínica otorgado por el Consorcio Nacional de Neuropsicología en 2012 y premio nacional de Neuropsicologia clínica en 2018, D. David Castrillo Álvarez, Maestro especialista en Primaria (UPV) y actualmente Jefe de estudios del Colegio Público Mendigoiti (Navarra). Posgrado y Máster en Educación Emocional (UNIR y Brain Emotion Formation). Certificado en Disciplina Positiva aula, familias y primera infancia.

Máster en Neuropsicología y Educación (UNIR). Posgrado en Neuroeducación: aprender con todo nuestro potencial.

Contamos con la inestimable moderación, de D.Iosu Reparaz Leiza, Dña. Sonia Rivas Borrel, Dña. Mª Luz Sanz Escudero, miembros del CEN y de D. Koldo Sebastián del Cerro, profesor especialista en conducta.

El esquema de esta jornada parte de las claves para entender la Neuroeducación, con ponencias que encuadran, al marco práctico, con la mirada al centro Mendigoiti: Neuroeducación aplicada a pedagogías activas.

¿Pero qué es la neuroeducación? La neuroecucación es la disciplina que estudia el funcionamiento del cerebro durante el proceso de enseñanza-aprendizaje: analiza el desarrollo del cerebro humano y su reacción a los estímulos, que posteriormente se transforman en conocimientos. Para que este proceso funcione de la mejor manera posible, diversos expertos han detectado que la emoción y la motivación son clave. Y es que "el cerebro sólo aprende si hay emoción", tal y como afirma el doctor Francisco Mora. Por esta razón, introducir la neuroeducación en el aula puede transformar la manera de dar clase y de abordar las diferentes materias a lo largo de los cursos escolares.

Desde el punto de vista educativo, conocer el desarrollo del cerebro durante la etapa educativa es clave para saber cómo generar un aprendizaje profundo, eficiente y significativo. En los años 60, el científico Paul MacLean propuso una clasificación denominada cerebro triuno que ayuda a entender mejor cómo funcionan las diferentes partes del cerebro. De esta manera, se descubre que el neocórtex es la parte del cerebro encargada de las funciones cognitivas superiores y que estas se van desarrollando desde el nacimiento hasta los 20 años de edad aproximadamente. Por esta razón, el aprendizaje debe ser progresivo y de acuerdo al desarrollo neuronal de cada estudiante.

¿Qué relaciones establece el cerebro durante el aprendizaje? La curiosidad intrínseca es uno de los principales mecanismos de aprendizaje del cerebro, junto con la sensopercepción, la emoción, la atención y la memoria. Así lo afirma la neuropsicoeducadora Macarena Soto, y propone que, desde la primera infancia, se creen emociones positivas alrededor del proceso de aprendizaje y de la escuela. Gracias a ello, sus neuronas crearán una asociación entre la educación y el placer, promoviendo un aprendizaje más significativo y duradero. De hecho, afirma que es fundamental cambiar la percepción del error como algo negativo y convertirlo en una oportunidad de aprendizaje. Con esta premisa, se puede trabajar el desarrollo de los pensamientos causal, consecuencial, alternativo, de perspectiva y medio-fin.

Iolanda Nieves de la Vega, profesora de la Universidad de Navarra afirma que la neurociencia es capaz de ofrecer herramientas para orientar a los profesionales y especialistas de la educación en la elección de recursos y metodologías educativas. Una de estas herramientas es la gamificación, es decir, el aprendizaje basado en el juego. La experta mantiene que la motivación y la emoción que se genera durante el proceso de juego, empleando herramientas como Kahoot!, son fundamentales para crear un aprendizaje significativo en el alumnado. Además, comenta que fomentar el trabajo cooperativo en contraposición al individualista o al competitivo incide de manera positiva en el rendimiento académico. La experiencia de aula del CPIP Mendigoiti de Pamplona, que han apostado por aplicar la neuroeducación en el aprendizaje, será expuesta por su jefe de estudios, David Castrillo.

Voy a terminar con la afirmación del doctor Mora que mantiene que no se puede aprender sin que el tema a tratar sea emocionante. Así, afirma que "un profesor excelente es capaz de convertir cualquier concepto, incluso de apariencia 'sosa', en algo siempre interesante", es decir, algo que motive y que genere una reacción en sus estudiantes.

Una vez más, desde el CEN, gracias por vuestra esmerada atención y participación, deseando que estas Jornadas nos enriquezcan a todas y a todos.

Neurodidáctica aplicada en el aula

Marta Torrijos Muelas
Profesora del Departamento de Psicología de la
Facultad de Educación de Cuenca (UCLM)
Marta.Torrijos@uclm.es

La neuroeducación, importante para conocer el cerebro y mejorar la calidad de la educación, es un campo en sus primeros pasos. Conocer cómo funciona el cerebro en cada etapa de la vida nos da una ventaja fabulosa como educadores, pero también una responsabilidad. Existen neuromitos, que son ideas equivocadas generadas por una falta de comprensión, interpretación incorrecta o una cita errónea de hechos que, en realidad, han sido científicamente establecidos durante la investigación sobre el cerebro y que debemos desmontar.

La neurodidáctica es una disciplina emergente que combina la neurociencia, la psicología cognitiva y la ciencia educativa para mejorar las prácticas de enseñanza y aprendizaje. Su objetivo es entender cómo el cerebro procesa la información y utilizar ese conocimiento para mejorar los ambientes de aprendizaje y las estrategias de enseñanza. Esta metodología se basa en la integración de la neurociencia y la ciencia educativa para desarrollar enfoques basados en evidencia para mejorar el aprendizaje y la instrucción. Aplicar la neurodidáctica necesita un esfuerzo previo para llevar a cabo sus actividades y mejorar la enseñanza. Este documento recoge un poco de ese esfuerzo por saber, aprender y llevar al aula las que consideramos las mejores prácticas educativas posibles.

Palabras clave: neuroeducación, neurodidáctica, futuras maestras, escenarios de aprendizaje.

Arratsalde on eta eskerrik asko gaur hemen egoteko aukeragatik. Que espero, por favor, que signifique, buenas tardes y muchas gracias por la oportunidad de estar aquí hoy.

No voy a empezar contando nada nuevo porque, segura estoy, que si están aquí esta tarde es porque un poco ya saben de qué va la neuroeducación, la neurodidáctica y la enseñanza-aprendizaje basada en la evidencia científica.

Disciplina emergente: de la neuroeducación a la neurodidáctica

La neurodidáctica es una disciplina que integra la neurociencia, la psicología cognitiva y la ciencia educativa para informar las prácticas de enseñanza y aprendizaje. Se centra en comprender cómo el cerebro procesa la información y cómo se puede utilizar este conocimiento para optimizar los entornos de aprendizaje y las estrategias de enseñanza. En general, la definición de neurodidáctica implica la integración de la neurociencia y la ciencia educativa para desarrollar enfoques basados en evidencia para mejorar el aprendizaje y la instrucción, con el objetivo de mejorar los resultados del aprendizaje. Aunque hablemos de la neurociencia y de la neurodidáctica como disciplinas emergentes, ya en 1988 el catedrático de Didáctica de la Universidad de Friburgo en Alemania, Gernard Preiss, proponía una nueva asignatura donde se recogieran juntas la investigación cerebral y la pedagogía (Díaz-Cabriales, 2023). Aun así, y por mucho que los ochenta a mis estudiantes de la Facultad de Educación de Cuenca les suene a disfraces del pasado, estamos ante un campo de investigación en sus primeros pasos.

Si la neuroeducación empezaba a hacernos ver la importancia de conocer el cerebro para mejorar la calidad de la educación, la neurodidáctica nos está proporcionando herramientas para pisar el aula con fuerza, con confianza en un planteamiento educativo basado en la evidencia científica. Teniendo muy clara la idea de que el recorrido de las técnicas de neuroimagen y cómo ello nos ayudará en educación está prácticamente en la línea de salida, tenemos investigación suficiente para ir dando pie al desarrollo de metodologías que nos ayuden a aprender mejor. Y no solo en el aula. En 2018 David Bueno y Anna Forés proponían cinco sencillos principios de la neuroeducación para las familias (Bueno y Forés, 2018). Tener presente que los genes influyen, pero no determinan, que cada persona es una compleja composición única y que el cerebro se prepara desde antes de nacer (incluso

Plasticidad neuronal

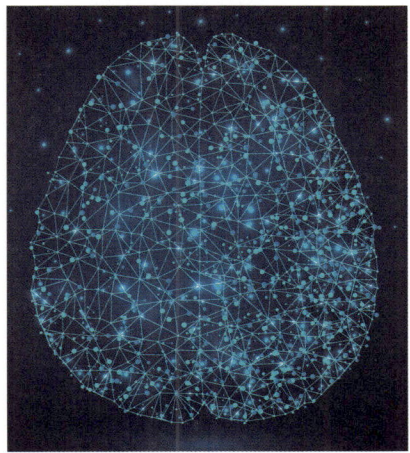

influyendo los progenitores en él desde que son adolescentes sin ideas de descendencia), ayuda a una educación familiar planificada, organizada y llena de retos ilusionantes. Tener claro que la plasticidad cerebral nos ofrece ventanas de oportunidad para que las miles de conexiones que podemos generar entre nuestras neuronas sean más sencillas, óptimas y potentes, no solo plantea un panorama familiar que se puede estructurar a nivel pedagógico, sino que traspasa a una educación en la que todos los agentes educativos podemos entender y mejorar nuestra función.

Conocer cómo funciona el cerebro, su desarrollo y sus potencialidades en cada etapa de la vida, nos da una ventaja fabulosa a los educadores, pero también una responsabilidad, porque la neurodidáctica y la neuroeducación necesitan de un esfuerzo previo a las actividades. Debemos saber para seguir aprendiendo. Saber para enseñar. Saber para avanzar. Y uno de los primeros pasos que nos planteamos en la Facultad de Educación cuando decidimos embarcarnos en la neuroeducación fue saber más, claro, pero poner la línea base a qué sabían as futuras maestras sobre el cerebro.

La piedra en el camino: los neuromitos

Hace casi 25 años que la Organización para la Cooperación y el Desarrollo Económico (OCDE) presentó el proyecto sobre "Ciencias el Aprendizaje e Investigación del Cerebro". Unos años después, la gran neurocientífica brasileña Suzana Herculano-Houzel (para quien aprovecho a reivindicar un premio Nobel por descubrirnos que tenemos unos 86 billones de neuronas y, aproximadamente, una célula glial por cada una de esas neuronas) comienza a preguntar a la gente qué sabe sobre el cerebro. La revolución y la pasión por la neurociencia, por saber más del órgano que aprende, se mezcla con una serie de mitos falsos, de medias verdades y de conceptos erróneos que se difunden entre la población mucho más rápido de lo que la ciencia es capaz de avanzar. Esto es normal. Evidentemente es más sencillo transmitir un rumor y, por el camino, agrandarlo y desvirtuarlo, que otorgar datos empíricos, ajustados a un modelo científico después de meses (cuando no años e incluso siglos) de investigación científica. La ya mencionada OCDE en 2002 define los neuromitos y explica este concepto como ideas equivocadas generadas por una falta de comprensión, una interpretación incorrecta o una cita errónea de hechos que, en realidad, han sido científicamente establecidos durante la investigación sobre el cerebro. Esto quiere decir que detrás de cada neuromito, hay un pedacito de verdad, lo que los convierte en mucho más difíciles de desmontar. Gracias al trabajo y las estupendas publicaciones de grandes investigadores, en 2021 publicamos una revisión sistemática sobre la presencia de neuromitos er el ámbito educativo y sus implicaciones para la enseñanza y el aprendizaje (Torrijos-Muelas et al., 2021). Con los datos disponibles hasta el momento pudimos afirmar que:

1 Existe una amplia difusión de neuromitos entre los profesionales de la educación y que se perpetúa a pesar de la evidencia científica que los desacredita. Se debe a una falta de conocimiento sobre la investigación en el cerebro, creyendo afirmaciones populares sin preguntarse nada más. También ayuda la dificultad para entender la terminología y jerga científica.

2 Los neuromitos más comunes son: la creencia en los estilos de aprendizaje, el mito de la dominancia hemisférica (cerebro derecho creativo y cerebro izquierdo dedicado a la lógica), que pasados los periodos críticos no se puede aprender, o que solo usamos el 10% del cerebro.

3 Creer en neuromitos puede llevar a prácticas educativas ineficaces y a la utilización de recursos innecesarios (sobre todo económicos por parte de las administraciones públicas).

4 Pero, sobre todo, de esa investigación aprendimos lo importante que es que los profesionales de la educación estén formados e informados sobre la investigación en neurociencia para evitar la difusión de neuromitos y utilizar prácticas educativas basadas en la evidencia científica.

Lo que sí sabemos, lo usamos

La dificultad de la eliminación de los neuromitos, lejos de desencadenar un rechazo hacia el avance en neuroeducación, ha de ser visto por los educadores como la ventana de oportunidad: sabiendo lo que está mal, lo atacamos. Sepamos lo que ya está demostrando la evidencia y usémoslo.

Deans for impact es una organización sin ánimo de lucro compuesta por decanos de educación que se dedica a mejorar la formación de los maestros y a promover la aplicación de prácticas educativas basadas en la evidencia científica (https://deansforimpact.org). Según la propia organización su misión es "garantizar que cada alumno o alumna sea enseñada por un maestro o maestra bien preparada". Es probable que no haya mejor meta para una profesora y doctoranda en educación. Uno de sus múltiples recursos es "The science of learning" (Deans for Impact, 2015), donde resumen la investigación sobre cómo aprenden y la conectan con la implicación práctica que puede tener para el proceso de enseñanza aprendizaje. Es una buena herramienta que refleja la neurodidáctica: ponemos en práctica en el aula lo que sabemos de la investigación científica.

Por supuesto, como ya se ha mencionado más arriba, los "cinco principios de la neuroeducación que la familia debería saber y poner en práctica" de David Bueno y Anna Forés (Bueno y Forés, 2018) nos dan unas pautas sencillas, potentes y científicas para ir planificando nuestras estrategias educativas.

Algunas de las cosas que ya sabemos es que la plasticidad neuronal es una gran ventaja en nuestro desarrollo, que tiene una función madurativa de pequeño y una adaptativa de adultos. Dentro de los tipos de plasticidad que hay, a los educadores nos interesa mucho la que es dependiente de la experiencia porque es la que nos ayuda a preparar nuestras aulas.

El resultado de la plasticidad, de la organización de nuestro conectoma, ese mapa neurológico, depende de la intensidad y de la frecuencia de las experiencias que vivimos. Y todas esas experiencias, todas, tienen la capacidad de alterar el cerebro. Incluso las experiencias negativas, por supuesto. Lo que hace que la plasticidad pueda llegar a ser desadaptativa, es decir, que las experiencias, sufridas en este caso, reestructuren nuestras conexiones de una forma poco óptima, desfavorable. Si resumimos esto, lo que sabemos es que un entorno de aprendizaje ha de ser relevante, intenso y frecuente para que aprovechemos al máximo la plasticidad cerebral.

Lo que también sabemos bien es que el cerebro madura de atrás hacia delante. Del tronco del encéfalo que toma el control al nacer, hasta la corteza cerebral de los lóbulos frontales que suele estar totalmente funcional alrededor de los 24 años. Hasta entonces, seguir la maduración cerebral nos ayuda a saber cosas como que los adolescentes tienen una intensa vida emocional porque sus amígdalas, que están hacia el centro y el interior del cerebro están maduras cuando sus lóbulos frontales no tienen mucho que decir. Esos lóbulos frontales albergan las decisiones a largo plazo, por ejemplo. Sabiendo esto, es fácil intuir que poco le importará a un adolescente si el dolor de una traición amorosa dejará de doler, porque la planificación a largo plazo es una actualización muy posterior a sus dieciséis años. Esa amígdala es la estructura mediadora que da significado emocional a nuestra memoria episódica a largo plazo y el hipocampo es quien va a codificar esos recuerdos y luego los va a transferir a los lóbulos frontales para que almacene y consolide nuestros recuerdos, esos que almacenamos con algo de esfuerzo cognitivo.

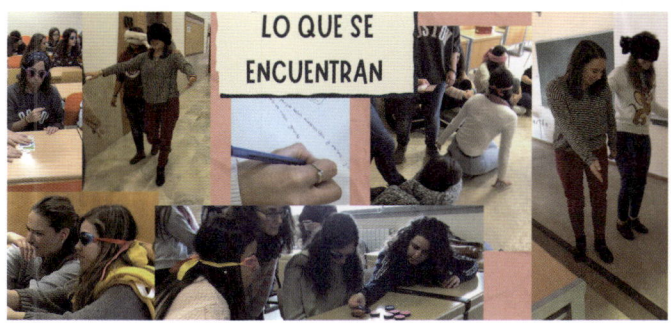

Así, las emociones tienen un impacto significativo en el aprendizaje y, bien usadas, mejoran los resultados académicos. Estos beneficios son aún mejores cuando se potencia el trabajo colaborativo porque además abrimos el espacio a la mejora de las habilidades sociales, la empatía y la motivación. La cognición social, el grupo haciéndose un equipo como fruto de la interacción social positiva, es base de un gran aprendizaje (Li, et al., 2020).

Otra cosa que sabemos bien es que a los humanos nos gustan mucho las recompensas. Si algo nos parece muy satisfactorio, lo vamos a recordar mejor. La dopamina influye en la sinapsis de lo que conocemos como "Vía de la Recompensa" que conecta el área tegmental ventral del mesencéfalo con el núcleo accumbens que está involucrado en el procesamiento cognitivo de recompensas y motivación. Los niveles de dopamina son mucho más altos cuando recibimos una recompensa mayor de lo que esperábamos. Y, por el contrario, son mucho menores si acabamos obteniendo una recompensa menor de la que nos habíamos figurado. De hecho, el aprendizaje por recompensa sucede como respuesta a lo inesperado (Webber, et al., 2021).

El cerebro procesa emociones y recompensas en conjunción con otras funciones cognitivas. Cuando la recompensa se usa eficaz y adecuadamente y se adapta al grupo de estudiantes con el que se está trabajando, vamos a llegar al aprendizaje de forma más amable y creando huellas de memoria mucho más duraderas (Li et al., 2020).

Prácticas recordadas

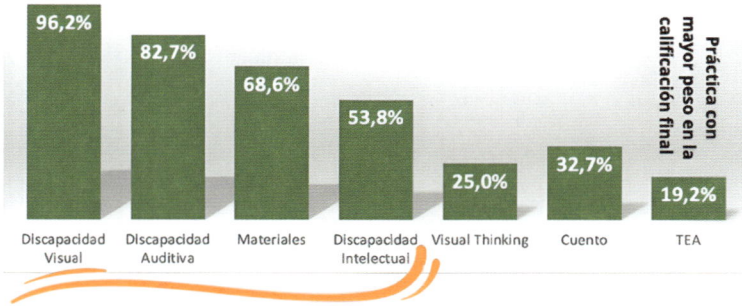

Sabemos mucho de cómo las funciones ejecutivas se van desarrollando en este cebro en proceso de maduración, pero es algo que yo he aprendido con Javier Tirapu-Ustárroz y ya que viene él también, solo diré que tan importante es lo que el cerebro nos permite hacer, como lo que impide que se haga mientras se ejecuta otra acción. Además de la planificación a largo plazo, la evaluación de consecuencias, la atención, etc., la inhibición de la conducta es una parte indispensable del aprendizaje. Y muy relevante en las aulas de educación superior, aunque *a priori* no lo parezca.

En resumen, sabemos que la plasticidad está de nuestro lado y que, a pesar de tener unas claras ventanas de oportunidad (Bueno y Forés, 2018), nos ayuda para aprender durante toda la vida. Sabemos que la amígdala está muy relacionada con el aprendizaje y las emociones. Y sabemos que lo inesperado nos ofrece más recompensa y eso mayor recuerdo.

¿Y qué hacemos con todo esto?

El aula de alguien que confía en la neuroeducación
Los escenarios de alto impacto emocional

Llevar la teoría a la práctica está desembocando en la creación de "escenarios de alto impacto emocional para el aprendizaje" en nuestras aulas de la Facultad de Educación de Cuenca. Hemos llevado a cabo experiencias diferentes, una en la mención de pedagogía terapéutica durante dos asignaturas de cuarto de Grado en Maestro en Educación Infantil y, ahora mismo, estamos testeando la posibilidad de implantar estos escenarios de alto impacto emocional en primero de Grado de Maestro en Educación Primaria, en la asignatura de Psicología del Desarrollo.

Preparar un aula bajo el aprendizaje constante en neuroeducación implica ser muy permeable al cambio y a la evolución. Lo primero es saber en qué momento del desarrollo y cómo va la maduración cerebral de los estudiantes. En el caso de un aula de educación superior, hemos pasado ya por todas las ventanas de oportunidad del neurodesarrollo. Sin embargo, la adolescencia cada vez se estira algo más y sabemos que nuestras clases no están plagadas de cerebros adultos con sus lóbulos frontales totalmente maduros.

Lo que hemos conseguido es potenciar la huella de memoria a largo plazo involucrando las emociones en el aula. En las prácticas realizadas siguiendo este enfoque, se ha involucrado emocionalmente a las estudiantes para que sintieran la discapacidad. Al año siguiente se les ha preguntado por las prácticas que recuerdan y los datos nos indican que hay una mayor huella de memoria en todas las prácticas que se vincularon a emociones, muy por encima del porcentaje de recuerdo de la práctica que más influía en su calificación.

Los escenarios de alto impacto emocional son útiles para crear recuerdos a largo plazo y pueden usarse para muchísimas prácticas educativas. Es fundamental ajustar el escenario a la capacidad cognitiva, el desarrollo emocional y la maduración cerebral de grupo de alumnos con el que estemos trabajando. Es bueno recordar que las prácticas vistas aquí son para estudiantes de educación superior.

La ayuda de la educación no formal para el desarrollo de un cerebro social

Una de las cosas que estamos testeando es que explicar desarrollo social y emocional a cerebros que están todavía lidiando con ese desarrollo sea una oportunidad para madurar y caminar juntos en el aula. Además de preparar un escenario de alto impacto emocional, de dejar que trabajen de forma cooperativa, adaptamos la dinámica de la clase a vivir una experiencia intercultural con un espacio abierto al juicio moral. He de decir que es una experiencia arriesgada y por eso andamos probando y ajustando, porque siempre, todas las propuestas que parten de la neuroeducación y acaban en una práctica neuroeducativa, han de poner por delante la evaluación del grupo que se tiene delante. Este año hemos evaluado social y emocionalmente al grupo de primero de primaria y nuestras conclusiones han hecho que la dinámica de la clase haya permitido la representación de Albatros (Junta de Comunidades de Castilla-La Mancha, n.d.). Lo que hacemos aquí es jugar deliberadamente con las ideas previas de la clase, engañar a su sistema de procesamiento moral y social y dejarles expresarse libremente. El resultado es un debate social, una puesta en común de valores, creencias y retos educativos de futuro.

Las funciones ejecutivas en el aula

En los grupos en los que desarrollamos una metodología basada en la evidencia científica, jugamos. Incluso en la universidad, sí. Porque una de las líneas de trabajo que apoyamos mucho es el entrenamiento de las habilidades sociales a través de los juegos de mesa. Con los estudiantes diferenciamos muy bien entre juegos educativos y juegos que educan. Los primeros suelen ser desmotivantes desde la caja hasta el último componente. Por eso, cuando los juegos de mesa aparecen en el aula, ninguno es educativo *per se*. El trabajo previo a estas sesiones es duro, hay que jugar a muchos juegos de mesa. Pero nos sacrificamos, todo por la educación. La idea que subyace a esto es estudiar mucho para que, al jugar y descubrir nuevos juegos, tengamos clarísimo qué están entrenando y cómo nos pueden ayudar en un aula de educación infantil o de educación primaria. Uno de los objetivos principales con mis estudiantes es que sean capaces de hacerle entender al inspector educativo que abra la puerta de su aula, que ese jaleo que hay está legislado. Llevar los juegos de mesa a clase nos permite alcanzar las premisas neuroeducativas de un aprendizaje con éxito y duradero en el tiempo: es motivante y emocionante, les da una recompensa inesperada (por supuesto que jugar es temario de examen), se juega siempre en equipo y quienes hacemos de educadoras ponemos el objetivo, quien entrega el trabajo decide la forma de llegar a él. La autonomía del aprendizaje es nuestra propuesta de futuro en neuroeducación.

(Métodos = Sherlock y Black Stories)

El futuro: mejorar la autoregulación del aprendizaje

Además de seguir testeando los escenarios de alto impacto emocional, la investigación actual nos ayuda a poder valorar objetivamente la práctica neurodidáctica. Recientemente Díaz-Cabriales ha desarrollado la escala ENEPID para medir el nivel neuroeducativo (Díaz-Cabriales, 2023). Esta herramienta es una excelente ayuda para que empecemos a evaluar la neuroeducación que llega al aula. Quizás la tengamos que adaptar un poco para educación superior y nos empeñaremos en añadir algo sobre la percepción de neuromitos y su erradicación por esta lucha casi personal que llevamos contra las pseudociencias en la educación.

Nuestra proyección de futuro pasa por obtener datos sobre cómo va la implantación de la neurodidáctica en las aulas y acercarlo un poco a la autorregulación del aprendizaje, porque es una habilidad cognitiva que debe ser enseñada a cualquier edad (Muchiut et al., 2018), lo que incluye a nuestros futuros maestros y maestras. Por el momento, hemos recogido datos que nos indican que no hay diferencias significativas en un cuestionario de autorregulación del aprendizaje entre los estudiantes del Grado en Educación en ninguna variable socio demográfica, pero nuestra sorpresa ha sido encontrar que hay una mejora en esta habilidad en los estudiantes que leen artículos científicos. Hay diferencias significativas entre estudiantes que no leen ningún artículo científico en un cuatrimestre y los que leen uno o dos. Pero lo excepcional es que más del 70% de la varianza se puede explicar con esta variable cuando comparamos estudiantes que no leen nada de ciencia, frente a los que leen diez o más artículos científicos. Pero esto ya es parte de un artículo que andamos escribiendo y que, ojalá, podamos traer pronto para seguir proporcionando a nuestros estudiantes los mejores escenarios de aprendizaje posibles.

Referencias

Bueno Torrens, D., & Forés Miravalles, A. (2018). 5 principios de la neuroeducación que la familia debería saber y poner en práctica. *RIEOEI*, 78(1), 13–25. https://doi.org/10.35362/rie7813255

Deans for Impact (2015). *The Science of Learning*. Austin, TX: Deans for Impact.

Díaz-Cabriales, A. (2023). Escala neuroeducativa para la Planeación y la Intervención Didáctica (ENEPID). *JNeuroedu*, 3(2), 93–105. https://doi.org/10.1344/joned.v3i2.40828

Junta de Comunidades de Castilla-La Mancha. (s.f.). Manual para formadores de voluntariado Castilla La-Mancha. Recuperado el 12 de enero de 2023 de http://www.portaljovenclm.com/documentos/publicaciones/Noticia_Manual_para_Formadores_de_Voluntariado_CLM.pdf

Li, L., Gow, A. D., & Zhou, J. (2020). The role of Positive Emotions in Education: A neuroscience perspective. *Mind, Brain, and Education,* 14(3), 220–234. https://doi.org/10.1111/mbe.12244

Muchiut, Á. F., Zapata, R. B., Comba, A., Mari, M., Torres, N., Pellizardi, J., & Segovia, A. P. (2018). Neurodidáctica y autorregulación del aprendizaje, un camino de la teoría a la práctica. *RIEOEI*, 78(1), 205–219. https://doi.org/10.35362/rie7813193

Torrijos-Muelas, M., González-Víllora, S., & Bodoque-Osma, A. R. (2021). The Persistence of Neuromyths in the Educational Settings: A Systematic Review. *Front. Psychol.*, 11. https://doi.org/10.3389/fpsyg.2020.591923

Webber, H. E., Lopez-Gamundi, P., Stamatovich. S. N., de Wit, H., & Wardle, M. C. (2021). Using pharmacological manipulations to study the role of dopamine in human reward functioning: A review of studies in healthy adults. *Neuroscience & Biobehavioral Reviews*, 120, 123–158. https://doi.org/10.1016/j.neubiorev.2020.11.004

Neuroeducación: ¿Cómo aprende el cerebro? ISBN: 978-84-235-3694-8

Claves neuropedagógicas para la actuación educativa

David Bueno i Torrens
Director de la Cátedra de Neuroeducación UB-EDU1ST.
Profesor e investigador de la Sección de Genética Biomédica,
Evolutiva y del Desarrollo de la Universidad de Barcelona.
dbueno@ub.edu

Educar es un proceso complejo en el que intervienen muchos factores. Uno de ellos es el ejemplo vivencial dado por los docentes. En este artículo se discutirá la importancia del ejemplo para la actuación educativa y se verá la dificultad de llevarlo a la práctica hasta sus últimas consecuencias, debido a la manera como el cerebro va almacenando los conocimientos.

Palabras clave: neuroeducación, plasticidad neuronal, ejemplo, aprendizaje.

Educar es, según el diccionario, "desarrollar o perfeccionar las facultades intelectuales y morales (*del niño o del joven*) por medio de preceptos, ejercicios y ejemplos". Proviene del latín *educare*, un vocablo compuesto del prefijo «e», fuera, y «ducare», que quiere decir conducir. Educar es, de algún modo, conducir desde fuera. En cualquier proceso educativo, el educador, quien conduce desde fuera, tiene una importancia crucial. Es el encargado de generar un ambiente de grupo que sea propicio a los aprendizajes, lo que le convierte en el eje central alrededor del cual se facilitan los procesos educativos. Esto es, necesita generar un ambiente que sea intelectualmente estimulante, emocionalmente positivo y proactivo y socialmente estable, no exento de retos que sean percibidos como asequibles y que requiera, por parte de los alumnos, de un cierto esfuerzo que implique la consecución de unos objetivos que perciban como significativos y, además, recompensantes.

La función del docente y la importancia del ejemplo

La función del docente es, por supuesto, distinta a la de los alumnos, pero debe compartir con ellos un aspecto fundamental: el deseo de seguir aprendiendo y de continuar creciendo

intelectualmente, un deseo que debe ser explícito para facilitar el estímulo a los alumnos. Todo ello implica que, como es lógico, el contenido de las clases, esto es, qué se enseña, sea importante. Pero todavía más importante, de hecho, absolutamente crucial, es cómo se transmiten estos conocimientos. Este cómo incluye todos los aspectos relacionados a las emociones, al estímulo y a la generación de retos que lleven a sensaciones positivas que estimulen las ganas de continuar avanzando. Decía la definición inicial que educar es desarrollar las facultades intelectuales por medio de preceptos, ejercicios y ejemplos. El docente es, y debe ser de forma consciente, ejemplo para sus alumnos. Él o ella deber querer también seguir aprendiendo y asumir nuevos retos, de forma explícita, para transmitir con el ejemplo aquello que, muy a menudo, no podemos transmitir con las palabras: su motivación, su entusiasmo, su respeto, su confianza,… Aunque tal vez no lo parezca, estas son las principales claves neuropedagógicas para la actuación educativa. Vivir lo que se quiere transmitir. Pero

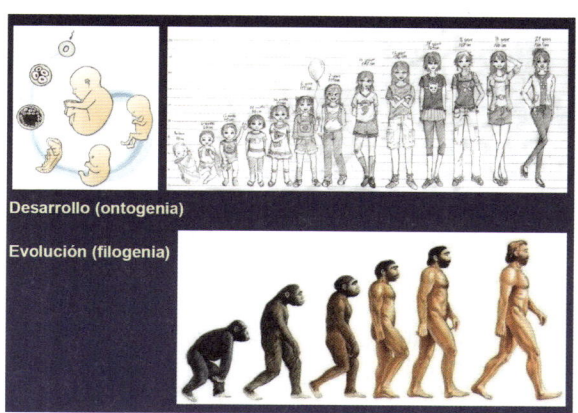

Desarrollo (ontogenia)

Evolución (filogenia)

a menudo no es tan sencillo como pueda parecer, suponiendo que parezca sencillo. ¿A qué es debido que, a pesar de saber que otra educación es no solo posible sino deseable y necesaria, a menudo seguimos transmitiendo conocimientos de forma excesivamente clásica?

Muy a menudo, si uno no se detiene a analizarlo de forma minuciosa y consciente, tiende a utilizar el mismo estilo docente que usaron con él años e inclu-

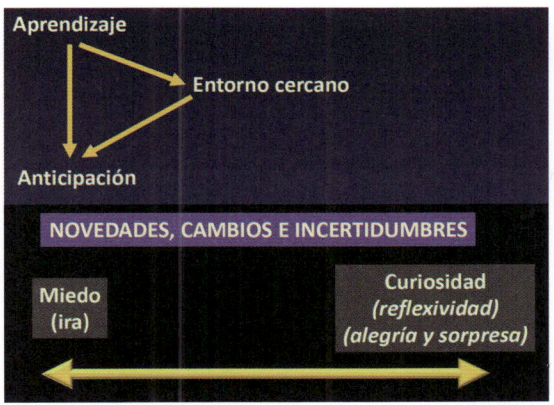

so décadas atrás, a pesar de saber que no es el más efectivo. Quien firma este artículo lo sabe también por experiencia propia. A pesar de saber que, por ejemplo, en la Universidad las clases magistrales son útiles, estas deben ser limitadas para facilitar el uso de otros sistemas pedagógicos más dinámicos y proactivos de adquisición del conocimiento. Todo esto se viene diciendo y experimentando desde hace décadas, dentro de lo que se suele denominar "pedagogía moderna", con resultados muy positivos. Pero, sin embargo, resulta muy difícil llevarlo a la práctica.

Si tantos y tantos profesionales de la educación tenemos clara la importancia de las estrategias pedagógicas que permiten la participación proactiva de los alumnos y que favorecen la motivación a través de emociones positivas y de retos bien calculados, ¿por qué nos cuesta tanto cambiar? ¿Por qué los cambios que realizamos demasiado a menudo se quedan a medio camino y no terminamos de profundizar en ellos, lo que hace que con frecuencia se queden en simples operaciones "cosméticas"? ¿Cómo podemos transmitir nuevos ejemplos si nosotros, hasta cierto punto, imitamos los que tuvimos, aunque vayan en la dirección contraria a lo que pensamos y a lo que decimos que queremos hacer? La respuesta está en el cerebro, en la forma como almacena los conocimientos que se van adquiriendo a lo largo de la vida, y en la manera como luego los usa. Conocer cómo funciona el cerebro contribuye a que nos empoderarnos para fomentar un crecimiento personal que también redunde en beneficio de nuestros alumnos.

Un ejemplo que se ha demostrado recientemente de la importancia de los ejemplos que transmitimos los docentes, muy a menudo de forma preconsciente, sin darnos cuenta, lo podemos encontrar en la denominada mentalidad de crecimiento. Propuesta inicialmente per la psicóloga estadounidense Carol Dweck por oposición a la mentalidad fija, de forma resumida propone que las personas que creen que pueden continuar aprendiendo y creciendo intelectualmente son capaces de usar muchos más recursos cognitivos, entre ellos la motivación y la asunción de nuevos retos, que efectivamente les permiten avanzar mucho más que los que presentan mentalidad fija (esto es, que creen que ya han llegado a su límite y no pueden seguir creciendo mentalmente). Dweck propuso que, si a una persona de mentalidad fija se le explican los fundamentos fisiológicos y neurológicos de la capacidad de aprendizaje, esto es, que el cerebro es plástico y maleable, y que siempre puede hacer conexiones neuronales nuevas donde almacenar nuevos conocimientos, habilidades y experiencias, pasa de mentalidad fija a mentalidad de crecimiento.

Diversos trabajos neurocientíficos han intentado demostrar si esta propuesta es válida o no, con resultados contradictorios. En este sentido, un metaanálisis publicado no hace mucho, en el que se analizaron algunas docenas de estos trabajos y se compararon entre ellos, propuso que, si la persona que explica estos fundamentos fisiológicos y neurológicos de la capacidad de aprendizaje tienen mentalidad de crecimiento, consigue que muchos más de sus alumnos adquieran esta mentalidad, al menos durante un tiempo. En cambio, si quien lo explica es una persona de mentalidad fija, no consigue prácticamente nada. Un ejemplo clarísimo de la importancia y la eficacia del ejemplo que damos los docentes a nuestros alumnos de forma muy a menudo preconsciente.

¿Cómo almacena los conocimientos el cerebro?

El cerebro almacena conocimientos a lo largo de toda la vida, desde el nacimiento, a través de las experiencias vitales con que se encuentra y de los aprendizajes que recibe. De hecho,

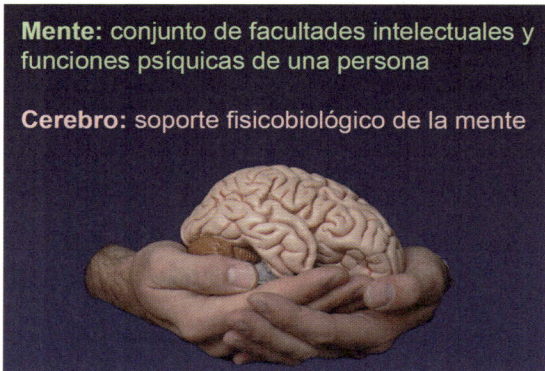

Mente: conjunto de facultades intelectuales y funciones psíquicas de una persona

Cerebro: soporte fisicobiológico de la mente

solo como curiosidad, los almacena desde unas semanas antes de nacer. Se ha visto que, a partir del séptimo mes de desarrollo fetal, el cerebro empieza a almacenar sus primeros "recuerdos", como por ejemplo con el ritmo de la lengua materna y, todavía más importante, las emociones que experimenta la madre, que contribuyen a empezar a estimular las suyas propias. La mayor parte de estos conocimientos se adquieren de forma preconsciente, y a pesar de que no sepamos ni tan siquiera que los poseemos, están dentro de nuestro cerebro y los vamos usando sin darnos cuenta.

Otro ejemplo en clave educativa lo podemos encontrar en el sesgo de género tan arraigado socialmente con respecto al cuidado de los bebés y de las niñas y niños durante la primera infancia. El hecho de que en muchas familias (por supuesto no en todas) y de que en muchos centros de educación infantil el cuidado habitual de estas "personitas" está a cargo de mujeres, con poca presencia masculina, hace que en su cerebro se implanten ideas de qué "el cuidado de los niños es cosa de mujer". Reconozco que el tema es polémico y que sin duda se debe a muchas otras causas sociales, pero este hecho que he comentado contribuye a mantener el sesgo de género, perfectamente evitable, y que debería evitarse, si se ponen los medios adecuados, entre ellos el ejemplo que les damos.

Plasticidad neuronal

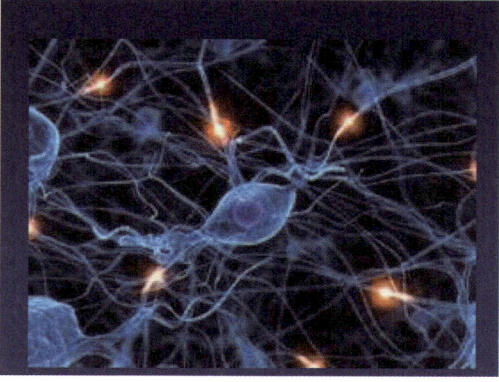

Neuroeducación: ¿Cómo aprende el cerebro? ISBN: 978-84-235-3694-8

Todos los aprendizajes que terminan implantados en el cerebro, esto es, que no se olvidan rápidamente, se almacenan en patrones de conexiones que se establecen entre las neuronas del cerebro. Los conocimientos, sean del tipo que sean, se mantienen en las conexiones de intrincadas redes neuronales. Cada conocimiento, cada aprendizaje, cada habilidad, cada actitud, cada experiencia que recordamos, genera su propio patrón de conexiones neuronales, que van hibridando los unos con los otros para que estos aprendizajes se interrelacionen.

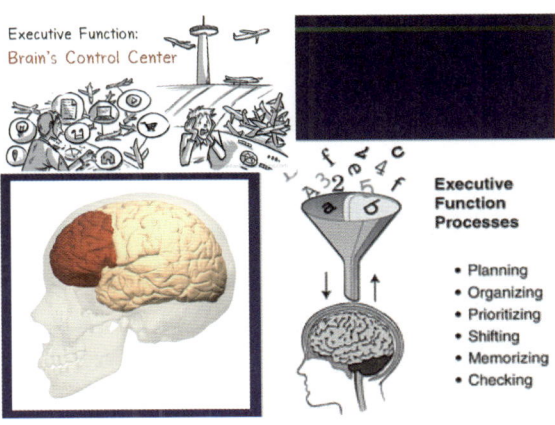

Cualquier conocimiento, aprendizaje o experiencia genera conexiones nuevas, pero no quedan aisladas de las demás como islas autárquicas, sino que hibridan con los conocimientos, los aprendizajes y las experiencias anteriores, muy especialmente con aquellos con los que mantienen una cierta relación. Es la forma biológica que tienen nuestro cerebro de integrar nuevos conocimientos en los preexistentes, manteniendo un hilo conductor entre ellos, como sería el caso de nuestra memoria biográfica. Es un sistema muy efectivo, puesto que nos permite ampliar, refinar y perfilar cualquier aprendizaje previo a partir de nuevas experiencias, por lo que facilita el crecimiento intelectual. Pero a los docentes nos juega una mala pasada. Somos los únicos profesionales que tenemos un contacto directo, vivencial y experiencial con nuestra profesión desde la más temprana niñez. Ahora lo explico mejor y detallo qué importancia tiene.

El pasado influye nuestro presente y el futuro de nuestros alumnos

Un niño o una niña pueden jugar, por ejemplo, a los bomberos. El juego es la forma instintiva que tenemos de adquirir conocimientos sobre el entorno natural y social, pero lo más habitual es que no estén en contacto directo con bomberos auténticos ni que vena apagar un incendio de forma directa y repetitiva. El juego les permite reproducir situaciones de la vida de los adultos de forma relativamente segura y controlada, pero no lo experimentan de manera real. Si después de mayores deciden ser bomberos, aprenderán todos los conocimientos relativos a su profesión casi desde cero, sin demasiadas interferencias de experiencias anteriores puesto que en la mayor parte de casos no habrán convivido con bomberos que les hayan servido constantemente de ejemplo profesional. No es este el caso de los docentes, sino todo lo contrario.

Como decía, todos hemos tenido un contacto directo vivencial y experiencial con docentes mientras estos estaban desarrollando su actividad profesional, al darnos clase. Desde los tres, cuatro o cinco años, e incluso antes, hemos pasado varias horas cada día con docentes, con nuestros profesores. Hora tras hora, día tras día, semana tras semana, mes tras mes, año tras año, hasta los veintitantos años en que terminamos nuestros estudios universitarios, hemos ido acumulando en nuestros cerebros no solo algunos de los muchos conocimientos que nos transmitieron nuestros profesores, sino también, de forma muy especial, cómo nos lo transmitieron. Haciendo un simple cálculo proyectivo, si hemos pasado cinco horas cada día en un centro educativo de los tres hasta los veintidós años, contando que un curso escolar tiene aproximadamente doscientos días hábiles, hemos estado la friolera cifra de unas 19.000 horas de nuestra vida ¡en contacto con docentes y con sus estilos de actuación educativa!

Esto es, nuestros cerebros han ido acumulando en sus conexiones neuronales que estrategias pedagógicas utilizaron; si tuvieron en cuenta la generación de ambientes emocionalmente positivos y socialmente estables o no; de qué forma nos motivaron (o si no lo hicieron en absoluto); si para estimularnos usaron, tal vez, el ridículo, o si contrariamente usaban palabras de aliento para ayudarles asumir nuevos retos; si obligaban a memorizar los conceptos de forma acrítica y sin reflexión o permitían la discusión dentro del aula; si el esfuerzo que nos exigían se veía recompensado por los resultados finales o si estos eran, al menos para una parte del alumnado, inalcanzables; si el nivel se adecuaba a las distintas capacidades de los alumnos o si exigían demasiado a unos y excesivamente poco a otros (no hay que olvidar que cada persona tiene unas capacidades cognitivas diferentes, y que pedir demasiado desmotiva al ver que no se alcanzan los resultados mínimos previstos, y exigir poco también desmotiva al no tener sensación de reto); si todas las explicaciones eran magistrales o si se provocaban situaciones diversas y enriquecedoras dentro del aula; si el día del examen, control o prueba, generaban sensación de estrés con su actitud o si contribuían a fortalecer la autoconfianza de los alumnos para que a través de una serie de retos pudiesen sacar lo mejor de sí mismos; y un larguísimo etcétera de otras muchas posibilidades.

Neuronas espejo

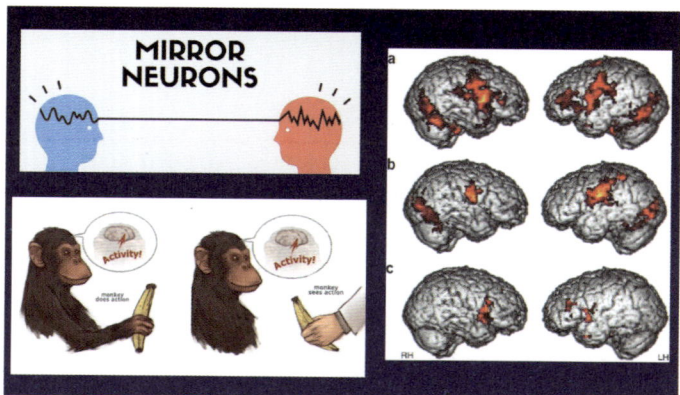

Neuroeducación: ¿Cómo aprende el cerebro? ISBN: 978-84-235-3694-8

Conclusiones

Apliquemos ahora todo esto a la forma como nuestro cerebro se va construyendo y reconstruyendo a lo largo de la vida. La forma cómo fuimos educados también generó conexiones neuronales, como cualquier otra experiencia vital, las cuales hibridaron con los conocimientos que nos transmitían y con todas las demás experiencias que íbamos teniendo. Esto sucedió durante todos los años que duró nuestra educación. Al formarnos como educadores, muy probablemente vimos otras maneras de educar, y salimos convencidos de cómo debíamos hacerlo. Pero todos estos nuevos conocimientos hibridaron con los anteriores a través de las redes neuronales, por lo que, al llegar a clase, al encontrarnos en la tesitura de docentes delante de nuestros alumnos, nuestro cerebro empieza a activar las redes necesarias para hacerlo, lo que incluye no solo las que se han formado durante nuestra formación específica como docentes sino también todas las anteriores. Esto es, también se activan las redes neuronales que almacenaron cómo nos educaron a nosotros, por lo que tenemos una gran tendencia a repetirlo de forma muy parecida. Dicho de otro modo, se ha mezclado lo que queríamos hacer con los ejemplos que recibimos, diluyendo los cambios que tuviésemos previstos. Y, además, en situaciones de estrés (y dentro de las aulas se van produciendo situaciones de estrés), el cerebro tiende a priorizar las conexiones más antiguas, puesto que están más enraizadas. Y estos son los ejemplos que damos a nuestros alumnos.

No hay forma humanamente posible de evitar estas hibridaciones de conocimientos, ni sería bueno hacerlo, pero para generar vidas inspiradoras sin duda hay que cambiar aspectos neuropedagógicos de actuación educativa. Nuestro cerebro no nos lo pone fácil, puesto que enlentece el cambio neurológico y de pensamiento del educador. Solo hay una manera de lograrlo: siendo muy conscientes del cambio que queremos provocar, de los ejemplos que queremos transmitir, y provocarlo en nosotros mismos antes de llevarlo a los alumnos. El educador también tiene que autoeducarse. Ello implica trabajar lo que se denomina metacognición, que es la capacidad ser conscientes de nuestros propios procesos cognitivos, para potenciar al máximo en nosotros aquellas cualidades vitales que queramos exportar a nuestros alumnos. Sin nuestro cambio, sin nuestro ejemplo, el cambio en educación será siempre excesivamente parcial. Para generar vidas inspiradoras hay que ser inspirador.

Bibliografia

BUENO, D. (2016) *Cerebroflexia. El arte de construir el cerebro*. Barcelona: Plataforma Editorial.

BUENO, D. (2017) *Neurociencia para educadores*. Barcelona: Octaedro.

BUENO, D. (2019) *Epigenoma*. Barcelona: Plataforma Editorial.

BUENO, D. (2019) *Neurociencia aplicada a la educación*. Madrid: Editorial Síntesis.

BUENO, D. (2019) Growth in learning, academic attainment, and well-being. *IBRO/IBE-UNESCO Science of Learning Briefings*.

BUENO, D. (2022) *El cerebro del adolescente*. Barcelona: Grijalbo.

BUENO, D., & TRICAS, M. (2023) *Emociones a raudales*. Barcelona: Octaedro.

CARBALLO, A., & PORTERO, m. (2018) *10 Ideas clave. Neurociencia y educación. Aportaciones para el aula*. Barcelona: Graó.

ELIZONDO, C. (2022) *Neuroeducación y diseño universal de aprendizaje: Una propuesta práctica para el aula inclusiva*. Barcelona: Octaedro.

GUILLEN, J. (2017) *Neuroeducación en el aula: De la teoría a la práctica*. Autoedición.

MORA, F. (2021) *Neuroeducación: Solo se puede aprender aquello que se ama*. Madrid: Alianza Editorial.

REDOLAR, D. (Ed). (2023). *Neurociencia cognitiva*, 2a Ed. Madrid: Editorial Médica Panamericana.

REDOLAR, D. (Ed). *Psicobiología*. Madrid: Editorial Médica Panamericana.

STASEN BERGER, K. (2016) *Psicología del desarrollo: infancia y adolescencia*. Madrid: Editorial Médica Panamericana.

Neuroeducación: ¿Cómo aprende el cerebro? ISBN: 978-84-235-3694-8

Neurociencia y funciones ejecutivas

Javier Tirapu Ustárroz
Psicólogo clínico y neuropsicólogo clínico en
la Clínica San Juan de Dios en Pamplona
javiertirapuu9158@gmail.com

El individuo debe ser capaz de controlar y coordinar, de forma consciente, sus pensamientos, acciones y emociones, y esto es lo que hacen las funciones ejecutivas.

Las funciones ejecutivas son las capacidades cognitivas que nos permiten llevar a cabo una conducta eficaz, creativa y aceptada socialmente en situaciones novedosas para las que no tenemos un plan previo de actuación.

Palabras clave: funciones ejecutivas; neuropsicología; aprendizaje; emociones; procesos ejecutivos.

Sobre las emociones y el aprendizaje quisiera hacer una reflexión. Siempre hablamos de que los niños y niñas tienen que estar contentos, motivados y alegres para poder aprender. Existen investigaciones científicas que han demostrado que esto no es así. El grupo de Schachter, que es uno de los grandes psicólogos en el estudio de la memoria, realizó un estudio donde había niños con estímulos que les provocaban la emoción de la alegría y a otros con estímulos diferentes les generaba la emoción de miedo. Hay que tener en cuenta que las emociones se mueven en unos umbrales de normalidad, de tal manera que por encima de ese umbral produce patología pero por debajo también. Después de estos estímulos los niños tenían que aprender un texto que tiene la misma extensión tanto para los que están con la emoción alegría como los que están con la emoción miedo. Cuando a esos niños les preguntan qué había en la habitación mientras estaban aprendiendo el texto los que estaban bajo la emoción de la alegría no recordaban ese contexto mientras que los que estaban bajo la emoción de miedo recordaban todo lo que había a su alrededor. Por lo tanto, aprendieron mejor los que estaban bajo la emoción de miedo. Este ejemplo nos enseña a que no podemos prescindir del evolucionismo; es necesario entender cómo funciona el cerebro humano.

Antiguamente en la selva se aprendía a sobrevivir y ese era el objetivo. Esto es muy importante en el aprendizaje. En la selva hay un estímulo que te genera miedo y por lo tanto sientes la emoción miedo; por ejemplo, si tienes que escapar de un animal te aprendes las características del animal y te fijas en las posibles rutas de huida mirando alrededor, por lo tanto, aprendías el contexto. Es decir, mientras se está sintiendo miedo se aprende el contexto y esto lo que salva la vida y garantiza la supervivencia.

Por ese motivo no me parece justo distinguir entre emociones positivas y negativas porque todas por definición son positivas. Si Darwin tenía razón, las emociones son señales de alerta cinceladas por la evolución en el cuerpo o el organismo para garantizar la supervivencia y la calidad de la supervivencia. Todas las emociones son positivas ya que buscan la adaptación del ser humano.

Hoy en día las llamadas "emociones negativas" está haciendo mucho daño porque parece que no se puede sentir una emoción desagradable, pero, sin embargo, son adaptativas (miedo, asco, tristeza, enfado, ira…).

De las emociones básicas que siente el ser humano la mayoría son desagradables; esto quiere decir que no estamos diseñados para la felicidad. Nos quieren vender una sociedad ideal como la sociedad de la felicidad y yo no estoy muy de acuerdo con esto.

Ahora voy a hablar de funciones ejecutivas que es un concepto que está muy de moda, translúcido, con muchos prismas o muchas caras.

En 1984 Muriel Lezak definió las funciones ejecutivas como los procesos implicados en llevar a cabo una vida eficaz y socialmente adaptada. Esta definición parte de la filosofía de la ciencia de lo que se llama la regresión al infinito, que es inadmisible en ciencia.

Bajo mi opinión, el más brillante definiendo las funciones ejecutivas fue Darwin porque él dijo que no es la especie más fuerte la que sobrevive ni siquiera la más inteligente si no la que mejor se adapta a los cambios.

Neuroeducación: ¿Cómo aprende el cerebro? ISBN: 978-84-235-3694-8

Un neuropsiquiatra en 1939 que trataba muchos pacientes con lesiones cerebrales en el lóbulo frontal expresaba que lo que más le llamaba la atención de estos pacientes es que saben perfectamente solucionar situaciones rutinarias pero no saben solucionar situaciones novedosas. Esta es una definición muy precisa y preciosa de las funciones ejecutivas.

Bajo mi opinión las funciones ejecutivas y la educación están demasiado centradas en los procesos cognitivos.

Según la neurociencia primero se siente y luego se piensa.

El escenario de las emociones es el cuerpo y nos indica lo que tenemos que hacer, es decir, primero sentimos y después pensamos. Es difícil controlar las emociones por ejemplo cuando le dices a un niño que está enfadado que cuente hasta 20.

A la hora de hablar sobre las funciones ejecutivas y el cerebro nos centramos mucho en lo que se ha llegado a llamar la "miopía corticocéntrica", es decir, somos miopes ya que solo miramos los procesos cognitivos. Los seres humanos tenemos procesos cognitivos ya que pensamos, sentimos ya que tenemos emociones, actuamos, somos seres conductuales y somos seres sociales por naturaleza.

Balzac decía que la soledad es maravillosa mientras haya alguien que te lo recuerde.

Por lo tanto, en los niños una educación holística debe contemplar las variables cognitivas, emocionales, conductuales y sociales.

La educación es eficaz si produce un cambio en la conducta porque la conducta produce un cambio en el cerebro.

Por lo tanto, en última instancia lo que modifica el cerebro es la conducta del ser humano, lo que hago no lo que pienso.

Los movimientos motores producen ensamblajes mucho más sólidos en el cerebro por tanto los niños para aprender tienen que moverse.

Cuando hablamos de funciones ejecutivas caemos en la trampa de la regresión al infinito.

Las funciones ejecutivas son un conjunto de procesos; sin embargo, no hay un acuerdo general en la comunidad científica de cuáles son los procesos implicados en un funcionamiento ejecutivo. Siempre se pone como ejemplo el director de orquesta ya que él no toca ningún instrumento pero dirige a todos los demás para que los toquen de una manera armónica.

La memoria de trabajo está en el cortex prefrontal, la planificación también, la flexibilidad cognitiva al igual que la empatía también. Hay dos tipos de empatía: una es la cognitiva que es conocer lo que el otro siente y otra es la emocional que es sentir lo que la otra persona siente.

Por lo tanto, el cortex prefrontal tiene sus propios procesos, es decir, toca sus propios instrumentos; por lo que no sería válido el ejemplo del director de orquesta. El cortex prefrontal es como una navaja suiza ya que en cada momento saca un instrumento diferente para resolver esa situación. Esta adaptabilidad le hace ser diferente ya que tiene sus propios procesos, por lo tanto no es un director de orquesta.

Para poder ayudar a los niños y niñas en la educación para mí hay una pregunta que es primordial y es ¿qué procesos están implicados en un buen funcionamiento ejecutivo?

Por lo menos hay treinta procesos ejecutivos y había que llegar a un consenso. Aunque tengan cierta relación entre ellos cada proceso debe ser evaluado de una manera individual.

Haciendo una revisión de los modelos de procesos ejecutivos nos fijamos en el modelo de un japonés, Miyaki, en el que se realizan nueve pruebas de funciones ejecutivas. De esos nueve test, cuatro derivan en una unión muy fuerte. Por lo tanto, aunque esos cuatro test son independientes pero al unirse tan fuerte están valorando el mismo proceso. Por esas uniones se dicen que hay tres procesos. Pero este modelo se publica en el año 2000.

Cuatro años después se hace el estudio en vez de con nueve pruebas con once y se encuentra un cuarto proceso. Esto se llama análisis factorial.

Es interesante hablar de estos procesos, qué prueba capta cada proceso y en qué parte del cerebro se alojan.

En cuanto al razonamiento abstracto como proceso ejecutivo, se distingue dos tipos:
- Convergente: se caracteriza por tener una o dos posibles soluciones buenas y de alguna manera no hay diferencia entre los individuos con las respuestas que te dan (por ejemplo, qué color te gusta más el rojo o el azul).
- Divergente: se caracteriza porque los estímulos no están tan claros y por lo tanto las respuestas son muy diferentes (por ejemplo, qué camiseta te vas a poner hoy).

Hay muchas maneras muy subjetivas de resolver situaciones nuevas.

Las funciones ejecutivas son un razonamiento divergente ya que hay muchas posibles respuestas. Sin embargo, el razonamiento abstracto es un razonamiento convergente.

Las funciones ejecutivas por lo tanto no se pueden valorar desde un razonamiento abstracto ya que son un razonamiento divergente mientras que las semejanza es convergente.

Existen 9 procesos que van con un orden determinado que es el que hay que seguir. Los más destacados son:
- Velocidad de procesamiento. Consiste en la velocidad a la que trabaja un cerebro. Un cerebro lento no es un cerebro eficaz. El 80% del cerebro es sustancia blanca y el 20% sustancia gris; esto quiere decir que el 20% es el que realmente trabaja con información y el 80% establece conexiones entre las regiones que trabajan. La sustancia blanca se podría definir con tres palabras que son: velocidad, conectividad y sincronía. Hay muchos niños que tienen poca velocidad de procesamiento; pueden hacer bien las cosas pero son lentos. A veces lo único que necesitan es tener más tiempo que el resto para hacer las cosas bien. Por lo tanto, tienen afectación de la sustancia blanca. Es decir, un cerebro que no es rápido ya tiene problemas de aprendizaje. Para mí, la velocidad de razonamiento no es un proceso ejecutivo sino que es como el software del ordenador.
- Memoria de trabajo. Es la capacidad de registrar, mantener y manipular información en intervalos de 20 segundos. La memoria de trabajo tiene el sistema ejecutivo central cuya función es mantener y manipular la información que le llega. Puede haber niños que tengan problemas de mantener la información y otros de manipularla que son cosas diferentes.

Neuroeducación: ¿Cómo aprende el cerebro? ISBN: 978-84-235-3694-8

- Procesos de inhibición. Es la capacidad para controlar los estímulos irrelevantes. Es lo que llamamos control de la impulsividad. Esto lo mide el "Test de Stroop". Los niños tienen más impulsividad conductual, sin embargo, lo estamos intentando valorar con un test de impulsividad verbal. A no ser que planteemos dos tipos de inhibición: verbal y motora. La inhibición verbal se valora con el "Test de Stroop" mientras que la inhibición motora se valora con paradigmas como "Gonogo". El 80% de los estímulos son "go" mientras que el 20% son "nogo".

  Cuando un niño es impulsivo planteamos que tiene problemas de inhibición mientras que cuando no es impulsivo no tiene esos problemas. Yo opino que tenemos que valorar el grado de impulsividad del niño para ver el grado de inhibición que puede llegar a tener o no.
- Acceso a los almacenes de memoria. Se trata de estrategias de búsqueda en la memoria.
- Atención dividida. Es la capacidad de prestar atención a dos estímulos diferentes a la vez. La atención no se puede dividir sin embargo el cerebro puede trabajar con dos procesos de diferente dominio conectados simultáneamente en paralelo, que no es dividir la atención. Esto es el trabajo del cerebro en red. Es el paradigma de ejecución dual.
- Flexibilidad cognitiva. Es la capacidad de generar diferentes hipótesis para solucionar un problema. Un cerebro es más sensible o creativo cuantas más hipótesis genere. El mejor test para valorar esto es la "Torre de Hanoi" cuyo origen está en una cultura ancestral y se basa en unos juegos mentales que sirven para adaptarse al futuro.
- Toma de decisiones. Según el marcador somático de Damasio tomamos las decisiones con una emoción no con la razón. Los estudios demuestran que la impulsividad y la toma de decisiones son factores que predisponen al consumo de drogas.

  La toma de decisiones nos lleva a campos tan de cuestionamiento como el concepto de libertad. Es decir, hay experimentos que demuestran que nos gusta lo que nos hacen creer que nos gusta, no lo que verdaderamente nos gusta a nosotros.

Para terminar, diría que no creo mucho en la inteligencia en sí, pero sí creo que los motores de la inteligencia son el amor por aprender, la curiosidad y la perseverancia.

Una frase de Tomás Hardy dice que en la vida tienes que tener la capacidad para cambiar aquello que puedas cambiar, la serenidad para aceptar aquello que no puedes cambiar y la inteligencia para diferenciar lo uno de lo otro.

Don Milani, pedagogo italiano, decía que estamos demasiado preocupados por enseñar a los niños y niñas y qué enseñar cuando de lo que tenemos que preocuparnos es de cómo tenemos que ser para poder enseñar.

Voy a terminar con una frase de Ramón y Cajal que siempre me ha encantado y dice que las neuronas son células de formas delicadas y elegantes, las misteriosas mariposas del alma, cuyo batir de alas quién sabe si algún día esclarecerá el secreto de la vida mental y poder ser todos cada día un poco mejores.

Neuroeducación aplicada a pedagogías activas. Una mirada desde Mendigoiti

David Castrillo Álvarez

Maestro especialista en Primaria. Jefe de estudios del CP Mendigoiti

dcastria@educacion.navarra.es

En este escrito se expone la respuesta educativa que desde Mendigoiti ofrecemos, basada en la neuroeducación. Como escuela viva y activa estamos comprometidas con la transformación educativa, en constante revisión y reflexión de lo que hacemos, teniendo en cuenta siempre los aportes y avances que se están produciendo desde las ciencias del aprendizaje.

Palabras clave: neuroeducación, pedagogías activas, inclusión, personalización del aprendizaje, ambientes.

En primer lugar muchas gracias por la invitación y ofrecernos la oportunidad de estar hoy aquí. Aunque hoy vengo solo, detrás de este proyecto hay todo un equipo, que hoy no ha podido venir, pues en este preciso momento están abriendo las puertas de la escuela a un grupo de profesores y profesoras que están realizando una formación muy potente elaborada por HikHasi, en el que Mendigoiti colabora en dicha formación.

Lo que hoy vengo a compartir es nuestra respuesta educativa que damos teniendo como marco la Neuroeducación, precisamente la temática de estas jornadas. No significa que sea la única manera ni que sea la mejor. Estamos además, en constante evolución, lo que puede que cosas que exponga hoy, quizá se modifiquen para el curso que viene.

Bases de nuestra respuesta educativa

Como ejes vertebrales y transversales en los que nos basamos para desarrollar nuestro proyecto, cabe destacar tres grandes fuentes que nos sirven de guía e inspiración a la hora de enfocar nuestras praxias: la *disciplina positiva,* la *inclusión* y la *neuroeducación*.

- La disciplina positiva es nuestro gran marco y modelo para la guía y el acompañamiento emocional en el que Marisa Moya es nuestra referente y fuente de inspiración. Tenemos la suerte de tenerla todos los años en Mendigoiti realizando certificaciones tanto para la comunidad como para todas aquellas personas interesadas formarse.
- La inclusión para nosotras es otro marco de referencia fundamental para garantizar la pertenencia, participación y progreso de todo el alumnado sin etiquetar, sin emitir juicios y sin segregar por capacidad. Contamos con el asesoramiento de una gran referente en inclusión como es Coral Elizondo que nos acompaña a través del programa Hezigarri-Proeducar y que nos aporta mucha guía y reflexión para establecer los marcos y valores que fundamentan un Proyecto Educativo de Centro (PEC) inclusivo para todo el alumnado. En este sentido el Diseño Universal del Aprendizaje (DUA) nos ayuda a pensar y planificar un diseño adaptado para todos y todas, rompiendo con el modelo imperante basado en el capacitismo -donde se segrega y excluye al alumnado por la falta de habilidad y conocimiento- y pasando de la atención a la diversidad a la personalización del aprendizaje, para partir de los intereses y desarrollar las fortalezas (César Coll).
- La neuroeducación, que es el tema central de estas jornadas, es otra base importantísima para el desarrollo de nuestro proyecto. Es una rama de la ciencia emergente que está aportando información muy valiosa sobre cómo funciona el cerebro y qué estrategias tienen mayor impacto en el aprendizaje. Es una disciplina de carácter transdisciplinar y, aunque sea compleja, cada vez tenemos más oportunidad de acceder a los conocimientos que se generan gracias al trabajo puente que se está haciendo desde la Cátedra de Neuroeducación UB-Edu1st entre otras. Como bien suele afirmar Anna Forés *para aprender a educar, hay que educar de la manera en que se aprende*. Esta reflexión, aunque parezca sencilla y lógica, tiene mucho trasfondo. Nos invita a reflexionar sobre dónde ponemos el foco, en la enseñanza o en el aprendizaje. En las escuelas, generalmente el profesorado pone mucha énfasis en lo que hay que enseñar y la pregunta que

nos debemos hacer es: ¿nos pagan para enseñar o para conseguir que el alumnado aprenda? Precisamente, una de las invitaciones que hace la neuroeducación, es poner el foco en saber cómo aprenden las personas y diseñar situaciones a partir de esos conocimientos. Además de esto, otro gran reto que plantea la neuroeducación es crear entre el profesorado una cultura científica para pasar de las ocurrencias a las evidencias, tal y cómo se trabaja en otros sectores como el de la medicina, es decir, crear científicos y científicas del aprendizaje, bajo nuevas especializaciones como puede ser el perfil del neuroeducador o neuroeducadora, tal y como plantea Francisco Mora.

Estrategias pedagógicas

En Mendigoiti bebemos de diferentes metodologías activas para insertarlas dentro de las programaciones y el tejido de aula. Todas estas son estrategias basadas en las evidencias. En las imágenes de abajo se muestra un resumen de las estrategias que actualmente estamos implementando.

A estas estrategias se le suman 3 programas socioemocionales. Consideramos imprescindible integrar el aprendizaje de competencias socioemocionales implantándolas en los objetivos fundamentales de la enseñanza-aprendizaje, y asignando tiempo suficiente en el horario para su desarrollo. Por ello estamos implementando 3 programas socioemocionales, *Kindness* Curriculum en infantil, *MindUp* en primaria y *Tools of the Mind* en 5 años y primero de primaria. Se trata de programas avalados por la investigación que inciden directamente en el bienestar personal, en el desarrollo de las funciones ejecutivas y en el rendimiento académico.

- Kindness currículum es un plan de amabilidad desarrollado por Richard J. Davidson, el cual aplicamos en la comunidad de pequeñ@s (etapa de Educación Infantil).
- MindUp es un programa desarrollado por la actriz Goldie Hawn y la neuróloga Judy Willis, en el que además de realizar prácticas contemplativas, se enseña al alumnado cómo funciona su cerebro, lo que ayuda al empoderamiento y la autonomía. Este programa lo aplicamos en la comunidad de median@s y mayores (etapa de Educación Primaria).
- Tools of the Mind es un programa que viene de los trabajos del psicólogo Lev Vygotsky y Elena Bodrova, y que ha sido desarrollado por la investigadora Adele Diamond. Este programa tiene como objetivo el desarrollo de las FE a través del lenguaje y juego simbólico. Este programa lo aplicamos en alumnado de último curso de Infantil y primer curso de Primaria, debido a sus características evolutivas. Además de los propios beneficios

del programa, con la aplicación entre interetapas, se pretende facilitar la transición del alumnado entre las mismas.

Organización de los tiempos

Como se observa en la imagen de abajo, trascendemos el concepto de área y sesión a través de tres principales estructuras pedagógicas que configuran el día a día de nuestro alumnado en las tres comunidades en las que se agrupan.

En la comunidad de pequeñ@s (infantil) las tres estructuras son: ambientes de aprendizaje, tejido de aula junto con la aplicación del programa Tools of the Mind en 5 años y los procesos. El alumnado comienza el día con entrada flexible de 10 minutos. En los *ambientes de aprendizaje* se mezclan las edades del alumnado de 3, 4 y 5 años, donde tienen la posibilidad de elegir en qué ambiente desean trabajar. En la estructura de *tejido de aula*, esta se lleva a cabo con el grupo de referencia donde utilizan este tiempo para realizar observaciones guiadas. Finalmente, la estructura de los *procesos*, el profesorado organiza grupos donde se mezclan también las distintas edades, los cuales van rotando para pasar por los diferentes procesos que son: psicomotricidad, euskara, conciencia fonológica, matemática, música y huerta.

Organización de los tiempos

	LUNES	MARTES	MIÉRCOLES	JUEVES	VIERNES
08:50 - 09:35 / 09:35 - 10:10	Comunidad de pequeñ@s: **Ambientes** de aprendizaje / Comunidad de median@s y mayores: **Propuestas diversificadas y multiniveladas en clave DUA** (parejas/cooperativo).				
10:10 -10:30	Comunidad median@s y mayores: Programas socioemocional MindUp + "aho bizi"				
10:30 - 11:05 / 11:05 - 11:50	Comunidad de pequeñ@s: **Tejido de aula + Tools** / Comunidad de median@s: **Ambientes** / Comunidad de mayores: **Ambientes y talleres**				Metacognición
11:50 -12:30	PATIO INCLUSIVO				
12:30-12:40	Comunidad median@s y mayores: Programas socioemocional MindUp + "aho bizi"				
12:40 - 13:15 / 13:15 - 14:00	Comunidad de pequeñ@s : **Procesos** / Comunidad de median@s y mayores: **Proyectos de aula + Tools**				

En cuanto a la etapa de primaria, las estructuras son: propuestas diversificadas y multinivel en clave DUA, ambientes de aprendizaje y aprendizaje basado en proyectos junto con Tools of the Mind en primero de primaria.

Para el diseño de las *propuestas* utilizamos la confluencia entre el marco curricular y la taxonomía de Bloom, dando un enfoque DUA que permita la personalización del aprendizaje. El profesorado programa las planillas de autorregulación, que sirven de guía de trabajo para el alumnado. El profesorado, bajo su criterio pedagógico, decide qué propuestas son de carácter obligatorio, optativo y voluntario.

La estructura de *ambientes*, se desarrolla por comunidades, la de median@s (1º,2º y 3º de primaria) y mayores (4º, 5º y 6º de primaria). Al igual que en infantil se mezclan edades y el alumnado elige a cual desea ir. En el caso de primaria, hay grupos estables que van rotando para pasar por el ambiente de inglés. La comunidad de mayores, además de optar por los ambientes, también tienen talleres, donde tienen la responsabilidad de pasar por todos los talleres a lo largo del curso. Finalmente, está la estructura de *proyectos de aula* que se desarrolla a partir de segundo de primaria.

Como se puede observar en la organización de los horarios, tanto para el paso de una estructura a otra, como a la vuelta del patio, se ofrece dentro de horario tiempo para la aplicación del programa *MindUp* + "*aho bizi*" que tiene como objetivo desarrollo del euskara a través de cuentos, canciones, trabalenguas, adivinanzas...

Además de esto, tenemos el tiempo del patio, donde el alumnado de 6º curso, elabora un proyecto de *patio inclusivo* con propuestas de juego para ofrecer al resto del alumnado de Mendigoiti. Hemos de destacar que es una experiencia muy enriquecedora donde el alumnado toma conciencia y un rol activo de trabajo para la comunidad.

Organización de los espacios

La creación de entornos y espacios de aprendizaje es un eje vertebral en Mendigoiti para el desarrollo de la autonomía y aprendizaje del alumnado. Rompemos con la organización de pupitre, donde sesión tras sesión el alumnado debe permanecer sentado siguiendo las directrices marcadas por el profesorado. En palabras de Parkash Nair *Los espacios educativos han de ser acogedores y seguros; versátiles y personalizados; han de ser capaces de acoger diversidad de actividades y deben trasladar mensajes positivos [...]. El alumnado más pequeño debe contar con espacios en los que pueda mover las cosas por sí mism@ en lugar de tener que pedir siempre ayuda a un adulto. Básicamente, la idea es que el diseño del entorno de aprendizaje se base en las necesidades reales de la infancia y que esté fundamentado en los estudios sobre desarrollo infantil en los distintos rangos de edad.*

Teniendo esto como premisa, a continuación mostramos los diferentes ambientes de aprendizaje que ha día de hoy tenemos en Mendigoiti

Organización de los espacios

Comunidad de pequeñ@s	1º, 2º, 3º de Infantil	Movimiento, Natura, Simbólico, Carpintería, Luces y sombras, Tinkering, Creadora, Huerta
Comunidad de median@s	1º, 2º, 3º de Primaria	Mate-matte, Amalur, Carpintería, Konta-katilu, Lego, Tinkering, Huerta
Comunidad de mayores	4º, 5º, 6º de Primaria	Cocina-creadora, Kalaka, Experimentos, Botánica, Historia, Radio

Laboratorio de música, Laboratorio de Psiko, Laboratorio Ikasnova y los pasillos

En todas las aulas encontramos propuestas y materiales para el desarrollo del lenguaje, las matemáticas y las ciencias. La diferencia entre un ambiente u otro, es que hay una o varias propuestas que solo van a encontrar ahí, que igualmente sirven para el desarrollo curricular.

Neuroeducación: ¿Cómo aprende el cerebro? ISBN: 978-84-235-3694-8

Turno de intervenciones

Se recogen únicamente dos intervenciones por ponente.
En los videos alojados en la web del Consejo Escolar de Navarra sobre las
jornadas (https://consejoescolar.educacion.navarra.es/web1/) se pueden
consultar las intervenciones completas.

Intervenciones a la ponencia de Marta Torrijos Muelas

Pregunta de Iosu Repáraz Leiza

Veo que se está cerrando el círculo entre la teoría y la práctica y que estás dando también respuesta a esa constatación de que la neuroeducación puede ser una herramienta que prevenga también los problemas y las dificultades de aprendizaje.

¿Qué experiencias se están dando en este campo a nivel también de las aulas de los futuros de docentes?

Respuesta de Marta Torrijos Muelas

De la Universidad yo echaba de menos que la investigación se quedara en los papers que hacemos, que son en inglés porque es el idioma que predomina en investigación. Para el alumnado esto es complicado. Hemos visto en los neuromitos que uno de los factores que hace que continúen es la dificultad para entender la jerga científica; si encima es en inglés es más complicado.

Este año una de las prácticas que van a realizar trata la adolescencia. Se está investigando muchísimo sobre la adolescencia.

Al alumnado que tenemos, que están muy cerca de la adolescencia, les planteamos una lista de temáticas en las que hay mucha investigación y ellos deciden sobre qué van a investigar (trastornos de la conducta alimenticia, salud mental, relaciones sociales...) y acotan ellos el tema. Intentamos ir poco a poco construyendo algo más grande.

Lo primero es que entiendan que es necesario saber.

Esta semana, con la semana del cerebro, ha sido la primera vez que iban a un colegio y han podido pisar con seguridad el aula por lo mucho que hemos trabajado ya que el material que llevaban tenía una base científica detrás.

Alguno de los alumnos en los colegios ha realizado neuronas en papel maché.

Cuando hablamos de neuroeducación, el alumnado te devuelve el doble.

Hemos sido tan precisos en el desarrollo del lenguaje, en cómo comunicar con los niños, enfatizando en cómo podemos llegar a los niños (que son un cerebro en desarrollo) que cuando el alumnado me pasa la lista de materiales especifican que necesitan, entre otros materiales, una cinta de 5 cm de ancho de un metro de largo y color amarillo como la miel. Yo les digo que puede ser de otro color y me dicen no. Tiene que ser del color de la miel para hacer la mielina de los axones.

Efectivamente era muy importante el color de la cinta para que los niños de 3º de Primaria pudieran memorizar la historia y fuera significativo y relevante para ellos.

Entonces ¿nos estamos llevando esto en las aulas? Nos lo está empezando a devolver el aula que es lo fascinante. Cuando trabajas con una base científica y explicas al alumnado en qué proceso están ellos también te devuelven ese lenguaje.

Pregunta de Koldo Sebastián del Cerro

Aprovechando esta capacidad que tienes para compartir tus fuentes de inspiración, ¿podrías sumar alguna más para que nos nutramos de lo que es tu creatividad en torno a la neuroeducación?

Respuesta de Marta Torrijos Muelas

La mayor hidratación que hemos tenido es trabajar en una asociación socio-cultural sin recursos económicos ya que hemos tenido que buscarnos mucho la vida para ofrecer una educación y una formación de calidad.

Os recomiendo muchísimo que acudáis a las fuentes principales siempre, a las fuentes de educación no formal.

Hasta la última actualización de la LOMLOE se evaluaba en Infantil por competencias. Yo llevo hablando de competencias en educación no formal desde el año 2010.

Las competencias nacieron en educación no formal.

La educación no formal ha sido un punto de inflexión muy importante en mi vida.

Viajar también es importante ya que nos ayuda a salir de nuestro entorno y mirar lo mismo desde otros puntos de vista. Esa posibilidad de abrir, de entender, de escuchar a otras personas diferentes y de ver que hay más mundo por ahí se puede llevar al aula y transmitirlo al aula.

Intervenciones a la ponencia de David Bueno i Torrens

Pregunta de Sonia Rivas Borrell

Ante el estrés que puede haber en las aulas me pregunto ¿cómo educar en esta frustración óptima de decir al alumnado que tiene que conseguir llegar a ese reto de una manera motivante?

Respuesta de David Bueno i Torrens

Primero hay que preguntarse cuál es este reto. El reto ¿lo ponemos los adultos o lo tienen que poner ellos? Para un niño pequeño el reto es jugar pero los adultos le decimos: no juegues que te vas a ensuciar; entonces, ese niño no puede cumplir ese reto. Al igual que si le decimos que se baje de un árbol porque se va a hacer daño. De esta manera les estamos mutilando la capacidad de asumir nuevos retos.

Sin embargo, en la adolescencia les exigimos que se marquen objetivos vitales y que sean resilientes pero cuando hacía falta de pequeños que lo aprendiesen no les dejábamos.

Esto debe empezar desde los cero años dejando que gateen.

Uno de los motivos por los que hay un incremento de alergias en la sociedad es porque falta contacto con la naturaleza ya que nuestro sistema inmunitario no reconoce aquello que es de nuestro entorno.

¿Reto es que saquen buenas notas? Marina Garcés tiene un libro que se llama "Escuela de aprendices", y coincidimos mucho ella, desde la psicología, y yo, desde la neurociencia, en donde ella dice que hemos pasado de una educación adoctrinante a una educación extractiva, donde todos tienen que dar el máximo que puedan.

También hay personas que están más cómodas dando menos que el máximo porque el máximo puede estresar. Es algo complejo. Hay que encontrar el punto de equilibrio en el que hay avance pero sin llegar nunca a ese estrés.

Pregunta de Leticia Garcés

¿Qué te sugiere la palabra epigenética?

Respuesta de David Bueno i Torrens

Habría que hablar un poco de genética. Nuestro cuerpo funciona gracias a unos programas genéticos que van dirigiendo toda la actividad metabólica.

Los genes son importantes pero es muy importante también conocer cómo funcionan. Una célula muscular tiene activos unos genes diferentes a los de una neurona porque tienen funciones diferentes. Hay dos mecanismos básicos para ver qué genes funcionan:

Neuroeducación: ¿Cómo aprende el cerebro? ISBN: 978-84-235-3694-8

Hay un mecanismo que es rápido y adaptativo; es como el interruptor que tienes que estar manteniendo todo el rato para que la luz se mantenga encendida. Esta técnica para apretar el interruptor son unas proteínas del gen que le dicen que le toca funcionar. Este sistema es muy caro enérgicamente ya que hay que producir la proteína para cuando ya no valga degradarla para que no haga ninguna interferencia y eso consume mucha energía metabólica. Estos genes deben estar siempre activados o desactivados.

Hay otros sistemas que son las marcas epigenéticas. Son como señales de tránsito que se añaden delante de un gen diciéndole que no funcionará jamás o que funcionará a partir de ahora siempre y, en este caso, es más complejo ya que hay muchas marcas diferentes porque siempre es siempre con mucha intensidad, siempre con poca, siempre a medias... Estas marcas se establecen según la función de cada célula que es algo genéticamente programado.

Pero hay marcas de éstas que se establecen en contacto con el ambiente para adaptar el funcionamiento de los genes al ambiente donde nace y vive esa persona. Se entiende muy fácilmente con el metabolismo de una persona que nazca en un grupo de nuits en Groenlandia que tiene que generar mucho más calor interno para no morir congelado que una persona que nazca en el trópico donde lo que tiene que hacer es sudar para evaporar calor interno.

Está comprobado que muchas situaciones sociales provocan marcas epigenéticas. No son conexiones entre las neuronas es la forma cómo funcionan estas conexiones.

Por ejemplo, las madres rata alimentan a sus crías, les dan calor, juegan con ellas, las asean. En condiciones silvestres salen corriendo para encontrar comida y volver. Hay un experimento que consiste en separar las dos primeras semanas de vida (que equivalen a los tres primeros años de vida humana) cada día a las madres rata durante tres horas de las crías. Se les alimenta y se les da una manta térmica para que mantengan calor pero nadie juega con ellas. Tras las dos semanas se comprueba que las ratas pequeñas se vuelven agresivas y no son tan sociables. Cambian curiosidad por miedo. Hay marcas epigenéticas diferentes en genes como la oxitocina, por ejemplo que, son los que controlan y gestiona los comportamientos sociales.

En la especie humana se han hecho estudios de correlación en niños y niñas que han pasado los primeros años de su vida en orfanatos donde no tenían un soporte emocional y se sentían solos, desprotegidos, indiferentes e indefensos. Las marcas epigenéticas son las mismas.

Las marcas epigenéticas no se corrigen con facilidad; la única manera de compensarlo es a través de nuevas experiencias que hagan conexiones neuronales nuevas. Su diseño biológico es para que duren muchos años.

Lo mismo pasa con las personas fumadoras ya que crean marcas epigenéticas que hacen que sean más resistentes a la toxicidad del humo. Cuando dejan de fumar tarda 20 años hasta que estas marcas epigenéticas desaparecen de sus pulmones ya que se mantienen por si acaso vuelven a fumar.

Las marcas epigenéticas de un niño o una niña que ha sufrido abusos los primeros años de su vida son idénticas a las de los soldados que van a la guerra y esto es debido a la importancia del ambiente.

Intervenciones a la ponencia de Javier Tirapu Ustárroz

Pregunta de Koldo Sebastian del Cerro

Primero nos emocionamos y después pensamos, pero ¿pensar sobre nuestras emociones influye en cómo nos emocionamos?

Respuesta de Javier Tirapu Ustárroz

Yo creo que cómo nos emocionamos tiene que ver con la historia de aprendizaje de cada persona, con las experiencias vitales. Cada persona es un ser único e irrepetible. El cerebro de una persona no es el mismo cuando tiene un año, que cuando tiene 2 o 3. Un cerebro contiene millones de cerebros que forman la historia de una persona que hace que una persona vaya cambiando con el paso del tiempo.

Se dice que cuando te enfadas hay que controlar ese enfado; nos activamos de abajo arriba, es decir, primero sentimos y después pensamos. No se puede ir contra el diseño cerebral que nos dice que las emociones tienen muchas vías para influir en la razón sin embargo la razón no tiene muchas vías para influir en las emociones. Somos seres racionales pero también somos seres emocionales y, por lo tanto, intuitivos. Yo defino la intuición como la chispa que salta del roce entre una posibilidad y una emoción. Y hay que seguir y confiar en esa intuición ya que eso nos hace humanos.

Pregunta de público

La reflexión en torno a la emoción me ha encantado y también sobre la sociedad de la felicidad. Me gustaría saber cuál es tu opinión sobre la incorporación de medios digitales en el alumnado y los programas digitales que cada vez se utilizan más en las aulas.

Respuesta de Javier Tirapu Ustárroz

Tenemos que enseñar a los niños mucho sobre la empatía; tenemos que enseñarles que si ellos se quieren querer tienen que querer a los demás y si ellos se quieren conocer tienen que conocer a los demás.

Yo defino la autoestima como la capacidad de estar encantado de haberte conocido pero independientemente de lo que hagas.

En cuanto a lo digital hay muchos programas para intervención con niños que no están diseñados desde la base del conocimiento del cerebro. Hay muchos programas educativos que no tienen base científica.

Intervenciones a la ponencia de David Castrillo Álvarez

Pregunta de público

Cuando surgen conflictos entre el alumnado con necesidades educativas especiales, como pueden surgir en todos los centros escolares, ¿hay alguna forma diferente de gestionar ese conflicto que se establezca como protocolo?

Respuesta de David Castrillo Álvarez

Cuando surgen conflictos nos basamos en la intervención de la disciplina positiva que invita a mirar qué hay detrás de esa conducta. Por supuesto que la formación es importantísima a la hora de acompañar un conflicto. Según la intensidad o la continuidad del conflicto, en caso de ser necesario, se procede a la apertura de protocolos desde la Comisión de Convivencia.

Es importante que semanalmente, antes lo hacíamos trimestralmente, el profesorado se reúna para hacer una reflexión constante, evaluación y seguimiento.

Pregunta de público

¿Cómo se gestionan esas aulas de AL/PT con alumnado de necesidades educativas especiales y como se forma al nuevo profesorado que llega al centro para poder trabajar en este contexto?

Respuesta de David Castrillo Álvarez

Desde hace dos años el Gobierno de Navarra, en las instrucciones de principio de curso, establece que las intervenciones de AL/PT tienen que ser por medio de la docencia compartida y basadas en el modelo de respuesta a la intervención. Siempre se hace desde dentro, nunca se saca ya que sacar es segregar y siempre hay que hablar de inclusión. Necesidades educativas tenemos todas y todos solo que no tenemos las mismas necesidades en los mismos momentos para los mismos aprendizajes.

En cuanto a la formación del profesorado es muy importante la actitud de la persona aunque siempre hay un acompañamiento de buenas prácticas por parte del centro. Aunque cada uno esté haciendo su formación particular siempre compartimos los conocimientos ya que posibilita ayudarnos entre nosotros mismos. Me gustaría señalar que el trabajo de un centro educativo no es formar a sus profesores si no formar al alumnado. Por supuesto que el centro debe acompañar al profesorado. Al final el profesional de la educación es uno mismo por lo que no es responsabilidad de otras personas esa formación. La responsabilidad del Departamento de Educación puede ser ofrecer el más amplio abanico posible de formación pero la responsabilidad de formación es de cada uno y de cada una.

Neuroeducación: ¿Cómo aprende el cerebro? ISBN: 978-84-235-3694-8

Mesa redonda:
Desafíos y límites de la Neuroeducación

Moderador: Koldo Sebastian del Cerro
Intervienen:
David Bueno i Torrens
Director de la Cátedra de Neuroeducación UB-EDU1ST. Profesor e
investigador de la Sección de Genética Biomédica, Evolutiva
y del Desarrollo de la Universidad de Barcelona
David Castrillo Álvarez
Maestro especialista en Primaria. Jefe de estudios del CP Mendigoiti
Marta Torrijos Muelas
Profesora del Departamento de Psicología de la
Facultad de Educación de Cuenca (UCLM).

Introducción

No hay discusión posible: todo lo que pensamos, sentimos y hacemos es producto de nuestro cerebro. Todo. Por eso es imprescindible conocerlo manejando fundamentos, constataciones y evidencias científicas que nos ayuden a entender y a asumir que nuestra labor docente no es una mera actuación sobre la atención, la memoria, la motivación, la comunicación, la gestión emocional o el aprendizaje en su conjunto, de nuestro alumnado.

Aunque todo esto sea una parte determinante de nuestro trabajo, hay algo todavía más relevante.

La responsabilidad capital, la mayor incumbencia que como educadores tenemos, se desprende de algo tan cierto como solemne: nuestra influencia docente transforma el cableado del cerebro de nuestros alumnos y alumnas de una manera singular.

Lo queramos o no, con nuestro quehacer repercutimos, mejor o peor, en el desarrollo cerebral de cada uno. Sin excepción. Siempre.

Nuestra actuación, por tanto, nunca es inocua.

Ello nos confiere la oportunidad de promover el establecimiento de circuitos apropiados y de extender redes interconectivas eficaces, si sabemos cuáles son, cómo funcionan, de qué manera se interrelacionan y cuál es el proceso de maduración de esos circuitos.

Como dice Francisco Mora Teruel, doctor en Neurociencia por la Universidad de Oxford, *no es posible diseñar un guante sin conocer qué es una mano.*

Pregunta 1

¿Qué retos plantea la neuroeducación a la metodología y a los modelos de enseñanza generalizados y, en consecuencia, al rol docente convencional?

Respuesta de Marta Torrijos Muelas

Estamos en constante aprendizaje y si un docente es consciente de que su verdadera motivación es tener tantas ganas de aprender como de enseñar, todo fluye.

Uno de los retos que yo veo es que, desde el punto de vista de la formación de futuros maestros y maestras, en las facultades de Educación estamos muchos departamentos, como el Departamento de Didáctica, el de las Ciencias Experimentales, el de Didáctica de la Educación Física, el de Psicología y también el de Literatura.

Llegar a todos ellos con estas nuevas metodologías es muy complicado y, sin embargo, es algo que trasciende a todos ellos.

Entonces uno de los retos es esa formación constante sin perder de vista esa evidencia científica que nos está viniendo tan nueva.

También dentro de ese reto tiene que estar la eliminación de los neuromitos, el aprender pero aprender bien y, no solo aprender sino dejar de no saber cosas. Estamos analizando los efectos que tienen los neuromitos en los docentes y hay algo que estamos empezando a evaluar que es la respuesta de "no lo sé". En esa respuesta es donde igual tiene que haber más formación.

Es importante asumir que cualquier docente o cualquier educador que le motive enseñar, le tiene que motivar tantísimo más aprender; ese aprendizaje constante de aprender bien y sobre la base de la evidencia científica.

Respuesta de David Bueno i Torrens

Estoy absolutamente de acuerdo con lo que ha dicho Marta.

Yo añadiría dos cuestiones más.

Una de ellas es que, hasta hace poco, todo lo que se sabía del funcionamiento del cerebro de cómo aprende, de las motivaciones, de que las emociones pueden favorecer el aprendizaje se refleja en artículos científicos de difícil comprensión ya que están en un lenguaje muy especializado y fuera del ámbito científico es difícil de entender.

Por lo que para mí uno de los retos es la divulgación. Una divulgación que permita sacar lo importante de estos trabajos y explicarlo de una manera comprensible para quien tiene que usarlo, que son los y las docentes, pero de una forma seria porque cada vez que se divulga se pierde rigor científico. Cuando la ciencia está escrita por científicos es difícil de entender porque cada palabra tiene su significado concreto, sin ambigüedades. El lenguaje popular y comprensible pierde rigor. Es como conservar el máximo de rigor pero sin caer en los neuromitos. El segundo reto es un reto filosófico. Lo que sabemos es que el cerebro aprende de muchas maneras diferentes. Como ha explicado Javier, el miedo puede ser un gran motor de aprendizaje ya que lo que aprendemos con miedo lo retenemos muchísimo mejor que lo que aprendemos con curiosidad.

La neurociencia nos abre muchos caminos y hay que elegir qué camino queremos para transitar en la educación. Y esto es ideológico. Si alguien nos dice que hay un sistema educativo basado en algo que no tiene ideología, no es cierto. Si yo como docente penalizo al alumnado menos ágil estoy motivando al que es más ágil pero a costa de sacrificar a una parte del aula. Así es como se enseñaba hace décadas.

Hay que plantearse qué sociedad queremos construir para el futuro.

El cerebro lo permite todo porque se adapta a todo y ahora hay que decidir qué es lo que queremos.

Respuesta de David Castrillo Álvarez

El reto que la neuroeducación nos plantea es, reflexionar sobre el para qué estamos aquí, qué tipo de sociedad queremos construir y elegir estrategias pedagógicas basadas en la evidencia que nos permita llegar a esos objetivos planteados.

Como docente, lo que más me ha aportado la neuroeducación es reflexionar sobre mis propias prácticas y ser crítico con lo que hago, teniendo en cuenta que el pensamiento crítico no es criticar, sino saber parar y realizar introspección preguntándome en qué evidencias me baso a la hora de desarrollar una propuesta de aprendizaje o a la hora de elegir un método u otro.

Como indica David Bueno, uno de los retos es hacer trabajo puente entre la investigación y el aula. El reto de los y las investigadoras y universidades es éste precisamente.

Como docente, pienso que nuestro reto no es divulgativo, pero sí tenemos que beber de la investigación. En este sentido, nuestro reto es ser lectores habituales de literatura rigurosa, y cabe señalar que las estadísticas no son muy amables, pues indican que, en general, el profesorado leemos poco sobre cuestiones que tiene que ver con nuestra propia profesión.

Pregunta 2

¿Hasta qué punto consideráis que el conocimiento del funcionamiento del cerebro ha de trascender a lo cognitivo y debe afectar igualmente a lo físico, a lo emocional y a lo social?

Respuesta de David Bueno i Torrens

Queda mucho camino por recorrer porque muchos de los resultados se han obtenido a partir de un número estadístico de personas, en ambientes muy concretos y en condiciones de laboratorio para poder homogeneizar. Lo que falta, que ya se está empezando a hacer, es llevar estos experimentos en condiciones controladas a lo que llamamos un contexto ecológico, que es el aula, donde hay muchos parámetros que no se pueden controlar como puede ser el contexto familiar de los niños o niñas. A parte no es el mismo contexto un aula de un pueblo pequeño donde se conocen todas personas que un aula de una ciudad grande donde hay alumnado que descubren que existen a final de curso porque siempre han ido a otra clase y nunca han interaccionado para nada. Son contextos ecológicos diferentes.

Respuesta de David Castrillo Álvarez

Como dice David, hay mucho que descubrir.

Desde mi punto de vista debe trascender a todo. En las escuelas en las que me he movido tanto en Guipúzcoa como en Navarra, he observado que ponemos mucho foco en trabajar lo cognitivo, desarrollar el currículum, y dejamos de lado otras dimensiones como la física o la emocional. Somos todo uno, no aprendemos solo con el cerebro, sino con e cuerpo y todo el sistema nervioso.

Tirapu suele señalar el modelo de "circularidad recursiva" para el desarrollo de las funciones ejecutivas, en el cual explica que los sistemas cognitivos afectan a los emocionales, físicos, sociales. y viceversa en todas las direcciones, es decir, todos los sistemas se retroalimentan entre sí.

Otra referente en el estudio de las funciones ejecutivas es Adele Diamond, donde según sus estudios, llega a la conclusión de que las funciones ejecutivas no deben trabajarse solo desde un punto de vista cognitivo, sino que deben trabajarse teniendo en cuenta también las competencias sociales, emocionales y físicas.

En Mendigoiti damos mucha importancia a todo esto y para ello, ponemos en el centro de todo al alumnado dando importancia al ser.

El mensaje que desde la sociedad se manda suele tener el siguiente carácter: estudia (cultiva el saber), para conseguir trabajo, coche, casa… (tener), para que seas feliz (ser). Nosotros queremos darle la vuelta a todo esto y reflexionar sobre la siguiente premisa: si tuviéramos una diana, ¿a quién pondríamos en el centro? ¿al alumnado o al currículum? Es decir, ¿utilizo al alumnado para dar el currículum o utilizo al currículum para construir la persona? Son dos miradas muy diferentes, que cambian la manera de abordar los procesos de enseñanza y aprendizaje. Nosotros ponemos en el centro de todo a la persona y tenemos en cuenta todas las dimensiones que engloba a la misma para enfocar nuestra respuesta educativa. Para ello, utilizamos estrategias de aprendizaje globalizado, donde el conocimiento no se parcializa en asignaturas que no se relacionan entre sí y no ponemos el foco únicamente en las competencias duras en aspectos solamente académicos.

Respuesta de Marta Torrijos Muelas

Es importante poner al alumnado en el centro del aprendizaje. El año pasado los estudiantes de mi aula me enseñaron un montón. Aprendimos lo que es la confianza y romper barreras. Para poder conocer todo lo cognitivo necesitamos romper la distancia emocional. Cuando en un aula las primeras filas no están ocupadas no es sólo una distancia física sino que se convierte en una distancia emocional entre el docente y el alumnado porque no están en el mismo plano. Para poder trabajar todo lo cognitivo era necesario romper esa distancia física. Después de la pandemia dejar que el alumnado se siente en la lejanía del aula a mí me parecía aterrador.

Me gustaría daros una recomendación que es una aplicación que se llama Happy Healthy Toolkit. Se trata de una herramienta muy potente para llevar a las aulas que se basa en unas tarjetas para trabajar. El alumnado con estas tarjetas descubre qué necesitan en cada momento; es algo que contribuye también a romper esa distancia emocional y confiar en los estudiantes. Cuando se rompen esas distancias emocionales es posible hablar y dialogar con el alumnado y entonces sabes qué necesidades cognitivas tienen también y, por lo tanto, tienes más herramientas. Es importante lo físico y lo emocional, es decir, una educación holística.

Pregunta 3

¿Qué papel pueden jugar los centros educativos en la investigación en torno al funcionamiento del cerebro en relación con el aprendizaje?

Respuesta de David Castrillo Álvarez

Más que los centros voy a hablar de las personas que trabajan ahí, ya que un centro educativo no es nada sin las personas que lo componen. Por un lado, pienso que podemos y tenemos que empezar a demandar que nos realicen investigaciones y, por otro y en estrecha relación a esto, es crear un hábito donde los profesionales nos cuestionamos lo que hacemos dentro de las aulas y salir del "siempre se ha hecho así". Para ello, es esencial que nos hagamos preguntas de manera habitual.

Sería fabuloso también, crear redes y puentes de colaboración con las universidades, para que desde las escuelas, antes de implementar una idea-programa-método (que requiere un tiempo y esfuerzo), pueda evaluarse desde el método científico, para reflexionar sobre el impacto que éste causa en el aprendizaje y valorar de manera crítica su implementación. Para ello, las escuelas debemos estar abiertas y dispuestas a ofrecer al alumnado como muestra de participación en el estudio.

Respuesta de Marta Torrijos Muelas

Efectivamente necesitamos ese puente entre escuela y universidad ya que es muy necesario. A mí me gusta que el alumnado que se va de mi aula sepa que es investigador. Es importante tengan la idea de que la investigación abarca mucho y lo hacemos día a día constantemente. También el profesorado se tiene que sentir investigador de los procesos de aprendizaje en el aula ya que hay que ver qué funciona y qué no y después dar feedback a las universidades porque la validez ecológica de lo que se publica es gracias al profesorado y alumnado que está en el aula.

Uno de los aspectos que se tambalea en ese puente Universidad-Escuela es el burocrático. Sería importante reforzar todo el tema administrativo.

Respuesta de David Bueno i Torrens

Efectivamente existen limitaciones y barreras y el reto es romper esas barreras. Tanto el profesorado como el alumnado son los auténticos protagonistas ya que la investigación es observación, no creer lo que dicen los científicos sino que hay que filtrarlo, analizarlo y con vuestros datos ver cómo lo podéis utilizar. Para mí esta es la ciencia que hace falta todavía trabajar.

Pregunta 4

¿De qué modo puede estar afectando a nuestro alumnado, independientemente de su edad, que las metodologías analógicas manipulativas estén siendo desplazadas por todo lo que es virtual?

Respuesta de David Bueno i Torrens

En relación a este tema para mí hay dos aspectos preocupantes. El primero es durante la primera infancia ya que en esta época el cerebro debe aprender a integrar las informaciones que entran por todos los sentidos para generar una percepción unificada de la realidad que sea útil para continuar construyendo conocimiento a partir de ahí. Con las tecnologías digitales solo hay dos sentidos implicados que son la vista y el oído. Esto limita posteriormente las capacidades de integrar, de razonar, de reflexionar, de ser flexibles ante novedades porque todo ha salido de un único origen.

El segundo aspecto que me preocupa son las tecnologías como medio de socialización, sobre todo en adolescentes. Estas aplicaciones como WhatsApp o Twitter son muy atractivas y útiles para sociabilizar pero te absorben las 24 horas del día ya que es muy difícil dejar de atender esa socialización todo el día. Somos una especie social y buscamos esa socialización. Si no atiendes los *inputs* que llevan al móvil te quedas atrás dentro del grupo que lo está siguiendo. Esto alarga el uso de la tecnología digital. Está comprobado que el contacto social presencial activa mucho más el estriado, que es esa zona del cerebro que da sensaciones de recompensa y que permite anticipar futuras recompensas, que los contactos sociales digitales. Como estamos buscando esa sensación de bienestar, de confort, de recompensa por medio de los dispositivos digitales no lo conseguiremos nunca tanto como de una manera presencial.

Respuesta de David Castrillo Álvarez

Hay especialistas que recomiendan que en los 6 primeros años no se use ninguna pantalla. Habría que dejar de comprar tanta pantalla digital y contratar más personal educativo.

Hay que usar la tecnología, obviamente en cada edad de manera diferente, pero hay que utilizarlo como la finalidad que tiene. Por ejemplo, para la robótica es imprescindible un soporte digital. Nunca puede ser lo digital sustituto de lo concreto. Es obvio que tiene que haber medios digitales pero yo creo que tiene que haber menos, de tal manera que ese presupuesto se dirija a dar otro tipo de materiales a los centros acordes a las necesidades de las etapas neuroevolutivas.

Respuesta de Marta Torrijos Muelas

Estoy totalmente de acuerdo. Ayer decía David: estimular sí, sobreestimular nunca. Y ésta es una de las claves por el concepto psicológico de habituación. Evidentemente vamos hacia trabajos muy digitales y no podemos prescindir de esa digitalización. Hay un concepto que es el de nativos digitales. Los adolescentes de ahora son huérfanos digitales porque han pasado ese proceso de digitalización con unos adultos de referencia que no han tenido medios digitales, por lo que no han podido enseñarles cómo utilizar esos medios digitales ni educarles en ese entorno.

Muchas gracias por vuestras aportaciones.

Hay un proverbio japonés que dice que *Mejor que mil días de estudio, es una hora con un buen maestro.*

¿Hay aquí alguien que no quiera ser un *buen maestro o maestra*?

Pues eso, manos a la obra…

Y hagamos lo posible por superlativizarnos para ayudar a nuestro alumnado a que se superlativice…

Damos paso, a continuación, a la clausura de estas jornadas.

Clausura

Manuel Martín Iglesias
Presidente del Consejo Escolar de Navarra

Me gustaría volver a dar las gracias a todas las personas que han intervenido en esta jornada, ya que hemos recibido mensajes y enseñanzas que impregnarán el futuro próximo, nuestro *modus vivendi* y, por lo tanto, el día a día de nuestro trabajo, bien como familias o como profesionales.

Siempre el protagonista es el alumnado y, por ello, debemos centrar todos los esfuerzos en él. El mejor aprendizaje es aquel en el que nunca se disocia el aprender del enseñar, es decir, siempre somos profesores o profesoras, pero también aprendemos de nuestros estudiantes.

Para la docencia, incluso para la vida misma, tenemos que tener en cuenta cómo aprende el alumnado, y aunque cada persona tiene su particularidad y visión, está claro que los estudiantes tienen capacidades y ritmos diferentes y, por lo tanto, atender cada una de estas particularidades da efectividad, seguridad y tranquilidad. Por lo tanto, todo aprendizaje debe tener un enclave. La vida son competencias y la enseñanza se debe realizar de la misma forma, lo cual revierte en todos y cada uno de los momentos de la educación y en el avance de la sociedad en su conjunto.

Estas jornadas han causado mucho interés en el mundo educativo ya que han tenido un nivel especialmente alto, con la satisfacción final para los profesionales como para las familias. También se ha traspasado una línea ejecutiva ya que las conclusiones de las jornadas, como dijo el Consejero, llegan al Departamento de Educación; es importante y necesario ese feed-back.

En una escuela, donde el alumnado se siente encuadrado, en el espacio, en el lugar, y en el momento, en muchas ocasiones se produce un abandono y desmotivación debido a una docencia muy plana que no permite el progreso y avanza hacia las repeticiones y, en consecuencia, al fracaso de esta educación. Esto indica que ese alumnado no está valorado en su conjunto, o esa apreciación decide la reproducción de los mismos contenidos y situación, es decir propone de nuevo lo mismo, y claro, dará los mismos resultados. Las emociones, como han dejado claro los especialistas, influyen en el aprendizaje. Estas jornadas han evidenciado que las preguntas de cómo, para qué, para quién, y a dónde llegamos con ese camino, son reflexiones que debemos tener muy en cuenta en la planificación.

Para finalizar informo que quedará constancia por escrito de las ponencias, intervenciones y la mesa redonda en la posterior revista que edita el Consejo Escolar de Navarra y en la monografía. Estará disponible en la web del consejo de manera digital y también en formato libro se distribuirá a los agentes educativos.

Trabajamos por la educación y para eso necesitamos profesionales que les guste educar y lo sientan como propio. Esto es parte intrínseca de la profesión.

Acabo con una afirmación del doctor Mora que dice que no se puede aprender sin que el tema a tratar sea emocionante; un profesor excelente es capaz de convertir cualquier concepto, incluso de apariencia sosa, en algo siempre interesante, que motiva, que genera reacción, que genera sorpresa y partir de ahí se puede dar rienda suelta a todo el trabajo posterior.

John Lennon decía que la vida es aquello que te va sucediendo mientras estás ocupado haciendo otros planes. Por lo que la educación es lo que sucede cuando tenías pensado a lo mejor otra situación de trabajo. Hay que adaptarse a los tiempos, a los momentos y, sobre todo, al estudiante.

Muchas gracias por la asistencia.

Neuroeducación: ¿Cómo aprende el cerebro? ISBN: 978-84-235-3694-8

9 €

Neurohezkuntza: nola
ikasten du garunak?

Neurohezkuntza: nola ikasten du garunak?

Consejo Escolar de Navarra

Nafarroako Eskola Kontseilua

Gobierno de Navarra
Nafarroako Gobernua

Titulua
Neurohezkuntza: nola ikasten du garunak?

Kontseiluaren idazkaritza
Mª Cruz Planchuelo Aranguren
Ana Reclusa Burgui

Azalaren diseinua
Sheila Martínez

Jardunaldien argazkiak
Ane Álvarez, Aitziber Guerra, Elena Muñóz

Maketazioa
José Joaquín Lizaur

Inprimaketa
Ziur Navarra, S.A.

LG NA 2723-2023
ISBN: 978-84-235-3694-8

Sustapena eta banaketa
Nafarroako Gobernuaren Argitalpen Funtsa
Navas de Tolosa k. 21
31001 Iruña
Telefonoa: 848 427 121
fondo.publicaciones@navarra.es
https://publicaciones.navarra.es

Aurkibidea

Aurkezpena

9   Carlos Gimeno Gurpegui. Nafarroako Hezkuntzako Kontseilaria.

13   Manuel Martín Iglesias. Nafarroako Eskola Kontseiluko lehendakaria.

Aurkezpenak

17   Ikasgelan aplikatutako neurodidaktika. Marta Torrijos Muelas.

27   Hezkuntza jarduketarako gako neuropedagogikoak. David Bueno i Torrens.

35   Neurozientzia eta funtzio betearazleak. Javier Tirapu Ustárroz.

41   Pedagogia aktiboei aplikatutako neurohezkuntza. Begirada bat Mendigoititik. David Castrillo Álvarez.

47   Parte-hartzeko txanda.

Mahai ingurua

53   Neurohezkuntzaren erronkak eta mugak.

Bukaera ekitaldia

59   Manuel Martín Iglesias. Nafarroako Eskola Kontseiluko lehendakaria.

Aurkezpena

Carlos Gimeno Gurpegui
Nafarroako Hezkuntzako kontseilaria

Plazer handia eta ohorea da jardunaldi hauek aurkeztea, gai garrantzitsua jorratuko baita: "Neurohezkuntza: nola ikasten du burmuinak?". Auzi inportantea da; interes handia piztu du hezkuntza-komunitatean, eta jardunaldiek aukera emanen digute gai horretan ospe eta sinesgarritasun handia duten hizlariez gozatzeko.

Aukera hau baliatu, eta eskerrak eman nahi dizkiot, baita zorionak ere, Nafarroako Eskola Kontseiluari, Manuel Martín kontseiluburua zorionduz jardunaldien diseinuan eta antolaketan egindako ahaleginagatik eta lortutako bikaintasunagatik.

Baina kontseilari gisa adierazten dizuedan esker ona ez da jardunaldi hauengatik bakarrik, baizik hezkuntza-komunitateak egin dituen guztiengatik, Nafarroako Eskola Kontseiluak, Manuel Martín buru dela, antolatu dituen guztiengatik. Izan ere, horietan guztietan azken ekarpenak garrantzi handikoak izan dira hainbat gaietan, hala nola hezkuntzaren gaineko itun sozial eta politiko bat egitea, jokabide-tratamendu positiboa edo ikastetxeen jardunaldiaren ordutegia antolatzea, besteak beste. Gainera, Hezkuntza Departamentua ekarpen horiek jasotzen eta pixkanaka Nafarroako hezkuntza-sisteman txertatzen ari da, planen eta araudi berrien bidez. Horren erakusgarri da, adibidez, hezkuntzako premia bereziak dituzten ikasleengan erregulazio gabezia handia eragiten duten jokabide problematikoak ebaluatzeko, aztertzeko eta kasu horietan esku hartzeko protokoloa; edo orain Victor Pradera HLHIrako prestatzen ari den programa pilotua, zeinak helburu baitu balioestea zer eragin duen ikasleen errendimendu akademikoan ikastetxeko ordutegia bi kontu hauek aintzat hartuta antolatzeak: batetik, lo-erritmoak erritmo biologikoetara egokitzea eta, bestetik, ikasgaien ordutegiak erritmo kronopsikologikoetara egokitzea, Pin Arboleda doktoreak agertoki honetan bertan duela gutxi ezarri zuen bezala.

Horiek hezkuntzaren kudeaketa partekatu eta kolektiboaren erakusgarri dira, egitateak dira jada.

Ziur nago bi egun hauetan egiten diren ekarpenak ere kontuan hartzeko modukoak izanen direla eta eragin positiboa izanen dutela Nafarroako hezkuntza-kudeaketan. Nire nahia da hori ere.

Neurozientzia hezkuntzan aplikatzeari dagokionez, uler ezazue honelako foro batean eta gaiari buruzko hizlari garrantzitsu eta entzutetsuen aurrean, halako lotsa eta zuhurtasun batekin esanen ditudala gaiaren gaineko nire hitzak. Hala ere, jakinarazi nahi dizuet nire bizitzako beste une profesional batean hizkuntza-psikologo gisa egindako lanari eta izandako dedikazio profesionalari esker, gai naizela ohartzeko zer garrantzia duten zientzia horiek bai nerbio-sistemaren ezagutzarako eta bai hori gero hezkuntzan aplikatzeko.

Nolanahi ere, utz iezadazue aldarrikatzen, instituzionalki behintzat, hezkuntzarako zer garrantzia duen ikaskuntza-giro orekatu eta motibatzaile batek, ikasleengan ikaskuntza hobea eragiten baitu. Orain sakonago ezagutzen dugu nola ikasten den "sozialki", eta ezagutza hori balioetsi eta aldarrikatu egin behar da; izan ere, ulermena eta esanahiak aktiboki eraikitzen dira ingurune fisiko, sozial eta emozionalarekiko interakzio aktibo eta dinamikoaren bidez.

Bihar, halaber, Foru Komunitate honetan, landa eskolari buruzko jardunaldiak eginen dira, Hezkuntza Departamentuak antolatuta. Besteak beste, landa eskolak aukera ematen die eredu horretako ikastetxeei beren hezkuntza-proiektuetan oso harreman interesgarria lantzeko ikasleen eta ingurune hurbilaren artean irakaskuntza eta ikaskuntza prozesuan zehar. Segur aski, neurohezkuntza horren aldekoa izanen da, eta jardunaldi hauetan azalduko da. Horixe ezartzen da bizitzako lehen urteetarako funtsezko orientabide horietan ere, ez bakarrik aipatzen nuen naturarekiko eta inguruneareakiko harremanari dagokionez, baita mugimenduak bideratzeko eta heltzeko premiari dagokionez ere, hau da, sare neuronal berriak sortzeko beharrari dagokionez. Garunak esperientzia berriak behar ditu, ondoren, eboluzioaren ikuspegitik, harkorragoak izan gaitezen gaitasunak ikasteko, testu baten ulermena indartzeko adibidez, eta matematikoki eta logikoki arrazoitzen ikasteko.

Nire ustez, garrantzitsua izanen da jardunaldi hauetan ikastea, hitzaldi bakoitzean azalduko denarekin, zer dakigun hezkuntza-prozesuan funtsezkoak diren elementuez, arreta hobeki ezagutzeko, ezagutzarekiko interesa nola piztu jakiteko, gehiago jakiteko emozioari, harridurari edo enpatiari buruz, edo zein diren aldi kritikoak ikasleak gertaeren aurrean aktibatzeko eta oroitzapenak modu eraginkorragoan sendotzeko, zilegi bazait hau esatea.

Ziur nago jardunaldi hauetan ikasitakoak suspertu eginen dituela oraingo eztabaidak eta berriak sortuko dituela hezkuntza-sistemari buruz eta, horren ondorioz, Hezkuntza Administrazioak hezkuntza-kudeaketako ereduak eta jardunak birplanteatu beharko dituela, jarrera horrekin bat datozen praktika berriak diseinatuta.

Hasi bezala bukatuko dut; eskerrak eman nahi dizkizuet jardunaldi hauek antolatzen lan egin duzuenei, bai eta hemen parte hartuko duzuen profesional ugariei ere, horrekin adierazten baituzue funtzio publikorako bokazio handia duzuela, eta beharrezkotzat jotzen duzuela prestakuntza eta eguneratze profesionala, zeina Antolamendu, Prestakuntza eta Kalitate Zerbitzuak ziurtatzen eta finkatzen baitu.

Eskerrik asko eta jardunaldi zoriontsua izan dezazuela.

Aurkezpena

Manuel Martín Iglesias
Nafarroako Eskola Kontseiluko burua

Ongi etorri oraintxe hasiko ditugun XXIX. Jardunaldietara; gaia "Neurohezkuntza: nola ikasten du burmuinak" izanen da. Nafarroako Eskola Kontseiluak antolatu ditu (nerau naiz, ohore handiz, kontseiluko burua); antolaketa horretarako ikaragarri lagundu digu Nafarroako Museoak, bi erakundeen arteko lankidetza hitzarmena baitugu. Gainera, eskerrak eman nahi dizkiot Hezkuntza Departamentuari; zehazki, Antolamendu, Prestakuntza eta Kalitate Zerbitzuari, eta Hezkuntzako Teknologien eta IKT Azpiegituren Zerbitzuari, jardunaldi hauetarako emandako laguntzagatik eta dedikazioagatik. Gaur egun, eta batez ere covidaz geroztik, jardunaldietan aurrez aurre nahiz online har daiteke parte; ikusten denez, izen ematearen arabera, gehienak online ariko dira jardunaldi hauetan.

Jardunaldi hauei hasiera emateko, gure esker ona adierazi nahi diot Nafarroako Hezkuntzako kontseilariari, Carlos Gimeno Gurpeguiri, bai jardunaldi honetara etortzeagatik, bai jardunaldi hauei hasiera emateagatik.

Eskerrik asko, orobat, honako goi-mailako aditu hauei: David Bueno i Torrens jauna (Biologian doktorea, UB-EDU1st Neurohezkuntzako Katedrako zuzendaria, eta irakaslea eta ikerlaria Bartzelonako Unibertsitateko Genetika Biomediko eta Ebolutiboko eta Garapen Genetikako Atalean); Marta Torrijos Muelas andrea, Gaztela Mantxako Unibertsitateko Hezkuntza eta Psikologia Fakultatekoa, eta Javier Tirapu Ustárroz jauna, Iruñeko San Joan Jainkoarena klinikako psikologo klinikoa eta neuropsikologoa. Dibulgazioko 800 konferentzia, ponentzia eta ikastaro baino gehiago eman ditu, neurozientziarekin loturiko gaien gainean. 280 argitalpen baino gehiago eta neuropsikologiarekin loturiko 8 liburu argitaratu ditu. Neuropsikologiako Espainiako Partzuergoak ematen duen Neurozientzia klinikoko Espainiako saria irabazi zuen 2012an eta Neuropsikologia klinikokoa 2018an. Eskerrik asko parte hartzeagatik, baita ere, David Castrillo Álvarez jaunari. Lehen Hezkuntzako irakasle espezialista da (EHU), eta gaur egun Mendigoiti ikastetxe publikoko (Nafarroa) ikasketaburua. Hezkuntza emozionaleko graduondokoa eta masterra ditu (UNIR eta Brain Emotion Formation); ikasgelarako,

familietarako eta lehen haurtzarorako diziplina positiboko ziurtagiria; Neuropsikologia eta Hezkuntzako masterra (UNIR), eta "Neurohezkuntza: gure potentzial guztiarekin ikastea" deritzon graduondokoa.

Berebiziko moderatzaileak izanen ditugu; Iosu Reparaz Leiza jauna, Sonia Rivas Borrel andrea eta Mª Luz Sanz Escudero andrea —Nafarroako Eskola Kontseiluko kideak— eta Koldo Sebastián del Cerro jauna, Jokabidean espezializatutako irakaslea.

Jardunaldi honen abiapuntua da neurohezkuntza ulertzeko gakoak ematea. Hitzaldietan alderdi praktikoa landu nahi da, fokua jarriz Mendigoiti ikastetxean. Azken batean, neurohezkuntza pedagogia aktiboetara aplikatzeaz ari gara.

Baina, zer da neurohezkuntza? Neurohezkuntzak ikertzen du nola funtzionatzen duen burmuinak irakaskuntza eta ikaskuntza prozesuan: aztertzen du zein den giza burmuinaren garapena, estimuluei nola erantzuten dien eta nola bihurtzen diren gero erantzun horiek ezagutza. Prozesu horrek ahalik eta hobekien funtziona dezan, emozioa eta motibazioa ezinbestekoak direla ikusi dute hainbat adituk. Izan ere, Francisco Moraren hitzetan "burmuinak soilik ikasten du emoziorik badago". Horregatik, ikasgelan neurohezkuntza sartzeak irakasteko modua alda dezake, bai eta irakasgaiak lantzeko modua ere ikasturteetan zehar.

Hezkuntzaren ikuspegitik, burmuinak hezkuntzaldian zehar zer bilakaera duen jakitea funtsezkoa da ikaskuntza sakon, eraginkor eta esanguratsua nola eragin jakiteko. Iragan mendeko 60ko hamarkadan, Paul MacLean zientzialariak garun hirubakarra der tzon sailkapena proposatu zuen. Kontzeptu horri esker, hobeki ulertzen ahal dugu nola funtzionatzen duten burmuinaren zatiek. Haren arabera, neokortexa arduratzen da burmuinaren goi mailako funtzio kognitiboez. Funtzio horiek, hain zuzen, jaiotzen garenetik 20 urte betetzen ditugunera arte, gutxi gorabehera, garatzen dira. Horregatik izan behar du ikaskurtzak progresiboa, eta egon behar du ikasle bakoitzaren garapen neuronalari egokitua.

Zer erlazio ezartzen ditu burmuinak ikaskuntzan zehar? Berezko jakin-mina da burmuinak ikasteko duen mekanismo garrantzitsuenetako bat. Beste mekanismoak dira, hain

zuzen, sensopertzepzioa, emozioa, arreta eta memoria. Hala dio Macarena Soto neuro-psikohezitzaileak. Hark proposatzen du, orobat, txiki-txikitatik sortu behar direla emozio positiboak ikaskuntza prozesuaren eta eskolaren gainean. Horri esker, haurraren neuronek hezkuntza plazerarekin lotuko dute, eta horrek eraginen du ikaskuntza esanguratsuagoa eta iraunkorragoa izatea. Are gehiago, haren hitzetan, funtsezkoa da errorea zerbait negatibo gisa ikusteari uztea eta errorea ulertzea ikasteko aukera gisa. Hortik abiatuta, bada, pentsa-mendu mota hauek lantzen ahal dira: kausala, ondoriozkoa, alternatiboa, perspektibazkoa eta "baliabideak-helburua" delakoa.

Nafarroako Unibertsitateko irakasle Iolanda Nieves de la Vegaren arabera, neurozientziak tresna batzuk ematen dizkie hezkuntzako profesional eta espezialistei, laguntzen dietenak hezkuntzarako baliabideak eta metodologiak aukeratzen. Tresna horietako bat da gamifika-zioa delakoa: jolasean oinarritutako ikaskuntza, alegia. Aditu horren hitzetan, jolasten duten bitartean ikasleengan pizten diren motibazioa eta emozioa funtsezkoak dira ikaskuntza esan-guratsua sortzeko. Horren adibide da Kahoot! tresna. Orobat, azaldu du lan indibidualaren edo lehiakorraren ordez lankidetza sustatzeak eragin positiboa duela eskola-errendimen-duan. Iruñeko Mendigoiti HLHIPko ikasketaburu David Castrillok hango ikasgeletako espe-rientziez hitz eginen digu. Ikastetxe horretan apustua egin dute ikaskuntzan neurohezkuntza aplikatzearen alde.

Amaitzeko, Mora doktorearen baieztapen bat partekatu nahi dut. Haren arabera, gai batek hunkitzen ez bagaitu, ezin izanen dugu ikasi. Halaber, haren ustez, "irakasle bikain bat da edozein kontzeptu, itxuraz motel-motela izanik ere, beti interesgarri egiten ahal duena". Hau da, irakasten duen hori motibagarri bilakatzen duena, eta ikasleengan erreakzio bat pizten duena.

Beste behin ere, Nafarroako Eskola Kontseiluak eskerrak eman nahi dizkizue zuen arreta eta parte hartze arduratsuarengatik, eta jardunaldi hauek denok aberasteko balio izatea nahiko genuke.

Ikasgelan aplikatutako neurodidaktika

Marta Torrijos Muelas
UCLMko Cuencako Hezkuntza fakultateko Psikologia saileko irakaslea
Marta.Torrijos@uclm.es

Neurohezkuntza garrantzitsua da garuna ezagutzeko eta hezkuntzaren kalitatea hobetzeko, eta lehenengo urratsetan dabil. Garunak bizitzako etapa bakoitzean nola funtzionatzen duen ezagutzeak oso informazio baliotsua ematen digu hezitzaileoi, baina baita erantzukizun bat ere. Garunari buruzko ikerketan zientifikoki ezarri diren gertakari batzuk gaizki ulertu dira, edo oker interpretatu, edo desegoki aipatu dira, eta, horren ondorioz, badira neuromito batzuk.

Neurodidaktika diziplina emergente bat da, konbinatzen dituena neurozientzia, psikologia kognitiboa eta hezkuntza zientzia, ikas-irakas praktikak hobetzeko. Helburua da garunak informazioa nola prozesatzen duen ulertzea, eta ezagutza hori erabiltzea ikaskuntza giroak eta irakaskuntza estrategiak hobetzeko. Metodologia horrek oinarri ditu neurozientziaren eta hezkuntza zientziaren integrazioa eta ebidentzia zientifikoa, eta, horiei esker, garatzen ditu ikaskuntza eta irakaskuntza hobetzen dituzten ikuspegiak. Neurodidaktika aplikatzeko, aurretiko ahalegina egin behar da jarduerak gauzatzeko eta irakaskuntza hobetzeko. Dokumentu honen helburua da ahalegin hori jasotzea, hezkuntza jardunbide onenak zein diren jakiteko, ikasteko eta ikasgelara eramateko.

Gako hitzak: neurohezkuntza; neurodidaktika; etorkizuneko maisu-maistrak; ikaskuntza agertokiak.

Arratsalde on eta eskerrik asko gaur hemen egoteko aukeragatik. Berriz diot: arratsalde on eta eskerrik asko hemen egoteko aukeragatik.

Ez naiz hasiko gauza berririk kontatzen; izan ere, ziur nago ezen, gaur arratsaldean hona etorri bazarete, gutxi-asko dakizuela neurohezkuntzaz, neurodidaktikaz eta ebidentzia zientifikoan oinarritutako irakaskuntza-ikaskuntzaz.

Diziplina emergentea: neurohezkuntzatik neurodidaktikara

Neurodidaktika diziplina bat da, bere baitan biltzen dituena neurozientzia, psikologia kognitiboa eta hezkuntza zientzia, ikas-irakas praktikak oinarritzeko. Jomuga du garunak informazioa nola prozesatzen duen ulertzea, eta ezagutza hori erabiltzea ikaskuntza giroak eta irakaskuntza estrategiak optimizatzeko. Oro har, neurodidaktika datza neurozientziaren eta hezkuntza zientziaren integrazioan eta ebidentzia zientifikoan, asmoa izanik ikaskuntza eta irakaskuntza hobetzen dituzten ikuspegiak garatzea. Neurozientzia eta neurodidaktika diziplina emergenteak dira, baina jada 1988an irakasgai berri bat proposatu zuen Alemaniako Friburgoko unibertsitateko Didaktikako katedradun Gernard Preissek, garunaren ikerketa eta pedagogia batera aztertzeko (Díaz-Cabriales, 2023). Hala eta guztiz ere, eta Cuencako Hezkuntza fakulteko nire ikasleentzat laurogeiko hamarkada iragan urrutia izan arren, ikerketa-esparru hau lehenengo urratsetan dago.

Neurohezkuntzak erakutsi zigun garuna ezagutzea garrantzitsua dela hezkuntzaren kalitatea hobetzeko, eta orain neurodidaktikak tresnak ematen dizkigu ikasgelan indarrez eta konfiantzaz aritzeko, badugulako hezkuntza planteamendu bat ebidentzia zientifikoan. Argi dago hastapenean daudela neuroirudi teknikak eta horiek hezkuntzan laguntzeko modua, baina hala ere ikerketa nahikoa dugu hobeki ikasten lagunduko diguten metodologiak garatzeko. Eta ez bakarrik ikasgelan. 2018an, David Bueno eta Anna Forések neurohezkuntzaren familientzako bost printzipio erraz proposatu zituzten (Bueno eta Forés, 2018). Kontuan hartu behar dugu geneek eragiten dutela, baina ez dutela determinatzen, pertsona bakoitza konposizio konplexu paregabea dela, eta jaio aurretik ere gauza batzuek eragina dutela garunean (baita gurasoek nerabe direnean ere, oraindik guraso izateko asmorik ez dutenean); eta hori dena kontuan hartzea lagungarria izanen da familia-hezkuntza hobeki planifikatzeko eta antolatzeko erronka pozgarriz beterik. Argi izan behar dugu garunaren plastikotasunak aukera ematen duela neuronen arteko milaka konexioak sinpleagoak, optimoagoak eta sen-

Plastikotasun neuronala

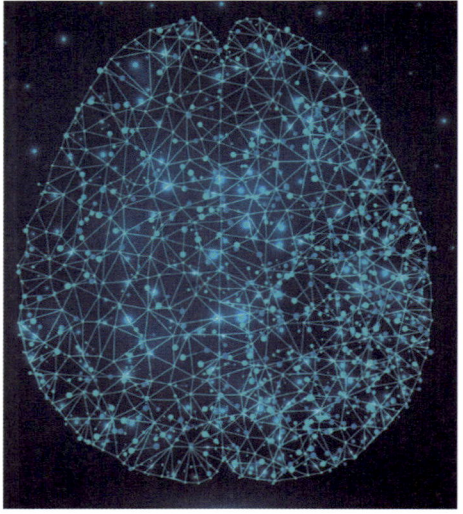

doagoak izan daitezen; argi badugu, familia panorama maila pedagogikoan egituratu dezakegu, eta hezkuntza eragile guztion funtzioa ulertu eta hobetu dezakegu.

Garunak nola funtzionatzen duen, nola garatzen den eta bizitzako etapa bakoitzean zer ahalmen dituen jakiteak oso informazio baliotsua ematen digu hezitzaileoi, baina baita erantzukizun bat ere, neurodidaktikak eta neurohezkuntzak aurretiko ahalegina eskatzen dutelako jarduerak gauzatzeko. Jakin egin behar dugu ikasten jarraitzeko. Jakin egin behar dugu irakasteko. Jakin egin behar dugu aurrera egiteko. Eta Hezkuntza fakultatean neurohezkuntzan murgiltzea erabaki genuenean, lehenengo urratsetako bat izan zen gehiago jakitea, noski, baina, zehazki, jakitea zer zekiten etorkizuneko maisu-maistrek garunari buruz.

Harri bat bidean: neuromitoak

Duela ia 25 urte, Ekonomia Lankidetza eta Garapenerako Antolakundeak (ELGA) abiarazi zuen "Ikaskuntza zientziak eta garunari buruzko ikerketa" proiektua. Urte batzuk geroago, Suzana Herculano-Houzel neurozientzialari brasildar handia hasi zen galdetzen jendeari zer zekiten garunari buruz. Bidenabar, Nobel saria eskatzen dut berarentzat, deskubritu zuelako gutxi gorabehera 86 bilioi neurona ditugula, eta zelula glial bat neurona bakoitzeko. Neurozientziaren iraultza etorri zen, eta harekiko grina (hau da, ikasten duen organoarekiko grina) nahasten da mito faltsuekin, egia-erdiekin eta kontzeptu okerrekin. Mito horiek askoz azkarrago hedatzen dira jendartean zientzia bera baino. Hori normala da. Jakina, errazagoa da zurrumurru bat hedatzea eta hedapen horretan hura handitzea eta desitxuratzea datu enpirikoak ematea baino, eredu zientifiko baten araberakoak, oinarri harturik denbora luzeko (hilabete, urte edo mendeetako) ikerketa zientifikoa. ELGAk, 2002an, honela definitu zituen neuromitoak: ideia okerrak, sortu direnak garunari buruzko ikerketan zientifikoki ezarri diren gertakariak gaizki ulertzeagatik, oker interpretatzeagatik edo aipamen desegokiak egiteagatik. Neuromito bakoitzaren atzean egiaren puska bat dago, eta horregatik zaila da haiek gezurtatzen. Ikerlari handien lanari eta argitalpen bikainei esker, 2021ean berrikuspen sistematiko bat argitaratu genuen neuromitoek hezkuntza eremuan duten presentziari buruz eta horiek irakaskuntzan eta ikaskuntzan dituzten inplikazioei buruz (Torrijos-Muelas et al., 2021). Eskura genituen datuekin, hauxe baieztatu genuen:

1   Neuromitoak oso zabalduta daude hezkuntzako profesionalen artean, eta betikotu egiten dira, nahiz eta ebidentzia zientifikoaren kontra egon. Arrazoia da garunaren ikerketa ez

ezagutzea, eta hedaturik dauden iritziak sinestea zalantzan jarri gabe. Beste arrazoi bat da terminologia eta jargoi zientifikoa zailak direla.

2 Neuromito ohikoenak honako hauek dira: ikasteko estiloetan sinestea, nagusitasun hemisferikoaren mitoa (eskuineko burmuina sormenarena da, eta ezkerreko burmuina, logikarena), sinestea aldi kritikoak igarota ezinezkoa dela ikastea, edo garunaren % 10 baino ez dugula erabiltzen.

3 Neuromitoetan sinesteak berarekin dakar hezkuntza praktikak eraginkorrak ez izatea eta baliabideak xahutzea (batez ere, administrazio publikoen baliabide ekonomikoak).

4 Baina, batez ere, ikerketa horretatik ikasi genuen zein garrantzitsua den hezkuntzako profesionalek neurozientziaren ikerketari buruzko prestakuntza eta informazioa izatea, neuromitoen hedapena saihesteko eta ebidentzia zientifikoan oinarritutako hezkuntza jardunbideak finkatzeko.

Dakiguna erabil dezagun

Neuromitoak desagerraraztea ez da erraza, baina horregatik ez da arbuiatu behar neuro-hezkuntza eta haren aurrerapena; alderantziz, hezitzaileek aukeratzat hartu behar dute: jakinda zer dagoen gaizki, horren kontra eginen dugu. Ikas dezagun ebidentziak zer frogatzen duen, eta erabil dezagun.

Deans for impact irabazi asmorik gabeko erakundea hezkuntzako dekano batzuek osa-tzen dute; maisu-maistren prestakuntza hobetzen du, eta ebidentzia zientifikoan oinarritu-tako hezkuntza praktikak aplikatzea sustatzen du (https://deansforimpact.org). Erakundea-ren arabera, bere egitekoa da bermatzea ikasle bakoitzari ongi prestatutako maisu-maistra batek irakatsiko diola. Litekeena da jomuga hoberik ez egotea, nire ustez, hezkuntzako irakasle eta doktoregai naizen aldetik. Haren baliabide ugarietako bat da "The science of learning" (Deans for Impact, 2015). Bertan, ikasteko moduari buruzko ikerketa laburbiltzen dute, eta ikas-irakas prozesuan izan dezakeen inplikazio praktikoarekin lotzen dute. Neuro-didaktikarekin bat datorren tresna bat da: ikerketa zientifikoaz dakiguna praktikan jartzen dugu ikasgelan.

Jakina, arestian aipatu bezala, "Familiak neurohezkuntzaren alorrean jakin eta praktikan jarri beharko lituzkeen bost printzipio"ek (Bueno eta Forés, 2018) jarraibide erraz, sendo eta zientifiko batzuk ematen dizkigute gure hezkuntza estrategiak planifikatzeko.

Badakigu plastikotasun neuronala abantaila handia dela geure garapenean, hel-tze funtzioa duela haurtzaroan eta egokitze funtzioa helduaroan. Plastikotasun moten barruan, hezitzaileoi asko interesatzen zaigu esperientziaren mende dagoena, horrek laguntzen baitigu gure gelak prestatzen. Plastikotasunaren eta gure konektomaren (mapa neurologikoaren) antolaketaren emaitza aldatu egiten da bizi ditugun espe-rientzien intentsitatearen eta maiztasunaren arabera. Eta esperientzia horiek guztiek ahalmena dute garuna aldatzeko. Baita esperientzia negatiboek ere, jakina. Hori dela eta, plastikotasuna desegokigarria izan daiteke; izan ere, esperientzia kaltegarriek gure konexioak modu desegokian berregituratzen dituzte. Hitz batean, badakigu ikaskuntza inguruneak esanguratsua, bizia eta ohikoa izan behar duela ahalik eta hobekien apro-betxatzeko garunaren plastikotasuna.

Hauxe ere badakigu: garuna atzetik aurrera heltzen da. Hau da, entzefaloaren enborretik (jaiotzean kontrola hartzen duena) lobulu frontalen garun azalerara (24 urte izan arte erabat funtzionala ez dena). Garunaren heltzea aztertzean zenbait gauza ikasten ditugu, hala nola nerabeek bizitza emozional bizia dutela, helduak direlako haien amigdalak, garunaren erdialdean eta barrualdean daudenak, eta, aldi berean, lobulu frontalak ez. Lobulu horiek epe luzerako erabakiak hartzen dituzte, besteak beste. Hori jakinda, erraz sumatzen da nerabe bati ezer gutxi axola zaiola maitasun traizio baten mina desagertuko dela, epe luzerako plangintza hamasei urte bete ondoren egiten delako. Amigdala hori bitartekaritza egitura da, eta esanahi emozionala ematen dio gure epe luzerako memoria episodikoari, eta hipokanpoak, berriz, oroitzapen horiek kodetuko ditu eta gero lobulu frontaletara transferituko ditu, lobuluek gure oroitzapenak (ahalegin kognitibo apur batekin biltegiratzen ditugun horiek) gorde eta finka ditzaten.

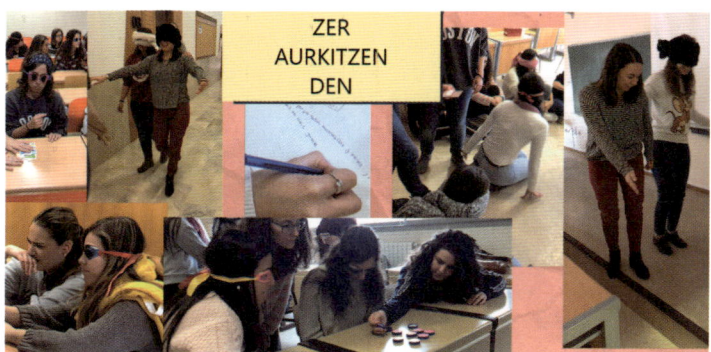

Hala, emozioek eragin nabarmena dute ikaskuntzan, eta, ongi erabilita, emaitza akademikoak hobetzen dituzte. Onura horiek are hobeak dira elkarlana sustatzen denean; izan ere, aukera ematen dugu gizarte trebetasunak, enpatia eta motibazioa hobetzeko. Kognizio soziala, hau da, taldea interakzio sozial positiboari esker ekipo bihurtzea, ikaskuntza handi baten oinarria da (Li, et al., 2020).

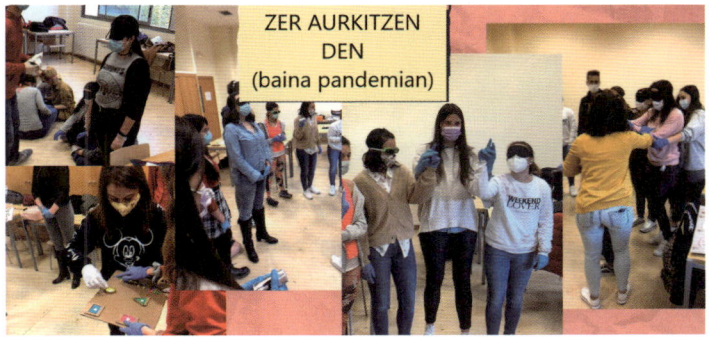

Ongi dakigun beste gauza bat: gizakioi asko gustatzen zaizkigu sariak. Zerbait oso gogobetegarria bazaigu, hobeki gogoratuko dugu. Dopaminak eragina du "sariaren bidea" deritzonaren sinapsian. Izan ere, bide horrek mesentzefaloko eremu tegmental bentrala lotzen du sarien eta motibazioaren prozesamendu kognitiboari lotutako accumbens nukleoarekin. Dopamina-mailak askoz handiagoak dira espero genuena baino sari handiagoa jasotzen dugunean. Eta, aitzitik, askoz ere txikiagoak dira espero genuena baino sari txikiagoa lortzen dugunean. Izan ere, sari bidezko ikaskuntza ustekabekoari emandako erantzun gisa gertatzen da (Webber, et al., 2021).

Garunak emozioak eta sariak prozesatzen ditu, beste funtzio kognitibo batzuekin batera. Saria eraginkortasunez eta behar bezala erabiltzen denean eta kasuan kasuko ikasle taldera egokitzen denean, modu atseginagoan helduko gara ikaskuntzara, eta askoz ere iraunkorragoak diren memoria aztarnak sortuko ditugu (Li et al., 2020).

Gogoratutako pratikak

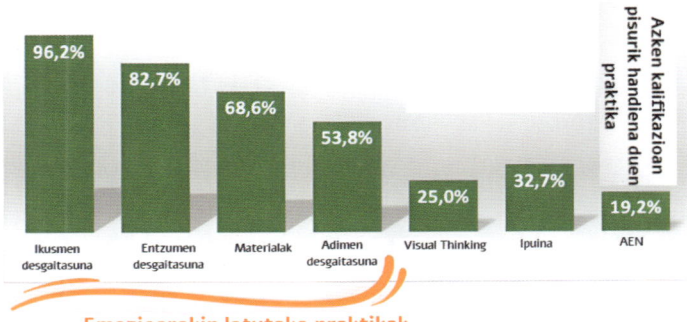

Ongi dakigu funtzio exekutiboak nola garatzen diren heltze-prozesuan dagoen garunean, baina nik zerbait ikasi dut Javier Tirapu-Ustarrozengandik (bera ere etorriko da jardunaldi hauetara), eta hauxe da: garrantzi bera dute garunak egiten uzten digun horrek eta, beste ekintza bat gauzatzen den bitartean, egitea eragozten digunak. Epe luzerako plangintzaz, ondorioen ebaluazioaz, arretaz eta abarrez gain, jokabidearen inhibizioa ikaskuntzaren

ezinbesteko zati bat da. Eta oso garrantzitsua da goi mailako hezkuntzako ikasgeletan, nahiz eta a priori kontrakoa eman arren.

Laburbilduz, badakigu plastikotasuna geure alde dagoela eta, garai jakin batzuetan aukera gehiago eskaini arren (Bueno eta Forés, 2018), bizitza osoan laguntzen digula ikasten. Badakigu amigdala oso lotuta dagoela ikaskuntzarekin eta emozioekin. Eta badakigu ezustekoak sari handiagoa ematen digula, eta sariak oroitzapena sendoki finkatzen duela.

Eta zer eginen dugu horrekin guztiarekin?

Nolakoa da neurohezkuntzan konfiantza duen norbaiten gela?

Inpaktu emozional handiko agertokiak

Teoria praktikara eramatean, ikasteko inpaktu emozional handiko agertokiak sortzen ari gara Cuencako Hezkuntza fakultateko ikasgeletan. Zenbait esperientzia egin ditugu: batetik, pedagogia terapeutikoaren adarrean, Haur Hezkuntzako Maisu-Maistraren Graduko laugarren ikasmailan, eta, bestetik, orain aukera aztertzen ari gara Lehen Hezkuntzako Maisu-Maistraren Graduko lehen ikasmailan ezartzeko inpaktu emozional handiko agertoki horiek, Garapenaren Psikologia irakasgaian.

Neurohezkuntzan etengabe ikasteko, ikasgela malguki prestatu behar da, eta aldaketarako eta bilakaerarako prest egon. Lehenik eta behin, jakin behar da ikasleen garunaren garapena zein unetan dagoen eta nola doan. Goi mailako hezkuntza gela baten kasuan, neurogarapenaren garai guztietatik igaro dira jada ikasleak. Hala ere, nerabezaroa etengabe luzatzen ari da, eta badakigu gure klaseetan ez ditugula garun helduak, hau da, gure ikasleen lobulu frontalak ez direla erabat helduak.

Lortu dugu epe luzerako memoria aztarna indartzea, emozioak ikasgelan sartuz. Ikuspegi horretatik egindako praktiketan, ikasleak emozionalki inplikarazi ditugu, desgaitasuna senti dezaten. Hurrengo urtean, gogoan dituzten praktikei buruz galdetu zaie, eta datuek adierazten digute emozioekin lotutako praktika guztietan memoria aztarna handiagoa dela, alde handiz, kalifikazioan eragin handiena zuen praktikan baino.

Inpaktu emozional handiko agertokiak erabilgarriak dira epe luzerako oroitzapenak sortzeko, eta hezkuntza jardunbide askotarako erabil daitezke. Funtsezkoa da agertokia egokitzea kasuan kasuko ikasle taldearen gaitasun kognitibora, garapen emozionalera eta garun heldutasunera. Gogoratu behar da praktika horiek goi mailako hezkuntzako ikasleentzat direla.

Hezkuntza ez-formalak laguntzen du garun sozial bat garatzen

Gure probetan, garapen sozial eta emozionala azaltzea oraindik garapen hori bukatu ez duten garunei aukera bat da ikasgelan elkarrekin heltzeko eta ibiltzeko. Inpaktu emozional handiko agertoki bat prestatzeaz gain, modu kooperatiboan lan egiten uzteaz gain, klasearen dinamika egokitzen dugu kulturarteko esperientzia bat bizitzera eta judizio morala tartekatzera. Esan behar dut esperientzia arriskutsua dela, eta horregatik ari gara probatzen eta doitzen; izan ere, neurohezkuntzatik abiatzen diren eta praktika neuroedukatibo batean amaitzen diren proposamen guztiek aurretik jarri behar dute kasuan kasuko taldearen ebaluazioa. Aurten, lehen hezkuntzako lehen mailako taldea sozialki eta emozionalki ebaluatu dugu, eta

horren ondorioz ikasgelaren dinamikak aukera eman du Albatrosek obra bat antzeztu dezan (Gaztela-Mantxako Erkidegoen Junta, datarik gabe). Nahita jolasten ditugu ikasleen aldez aurreko ideiekin, haien prozesamendu moral eta sozialeko sistema engainatzen dugu, eta askatasunez adierazten uzten diegu. Emaitza eztabaida soziala da, eta partekatzea balioak, sinesmenak eta etorkizuneko hezkuntza erronkak.

Hezkuntzakoak ez diren jolasak

Ikasteko mahai-jokoak

Funtzio exekutiboak ikasgelan

Ebidentzia zientifikoan oinarritutako metodologia erabiltzen dugun taldeetan, jokatu egiten dugu. Baita unibertsitatean ere, bai. Izan ere, asko bultzatzen dugun lan ildoetako bat da gizarte trebetasunak mahai jokoen bidez entrenatzea. Ikasleekin oso ongi bereizten ditugu joko hezigarriak eta joko hezitzaileak. Joko hezigarriak desmotibatzaileak izaten dira, kaxatik hasi eta azken osagairaino. Horregatik, mahai jokoak ikasgelan agertzen direnean, bakar bat ere ez da hezigarria per se. Saio horietarako aurreko lana gogorra da, mahai joko asko probatu behar baitira. Baina sakrifikatu egiten gara, hezkuntzaren alde. Horren azpian dagoen ideia da asko ikastea, jokatzean eta joko berriak deskubritzean argi eta garbi izan dezagun zer entrenatzen ari diren eta nola lagun diezaguketen haur hezkuntzako edo lehen hezkuntzako ikasgela batean. Nire ikasleekin daukadan helburu nagusietako bat da gai izan daitezela beren gelako atea irekitzen duen hezkuntza ikuskatzaileari ulertarazteko dagoen zalaparta hori araututa dagoela. Mahai jokoak eskolara eramateak aukera ematen digu ikaskuntza arrakastatsu eta iraunkor baten premisa neuroedukatiboak lortzeko: motibatzailea eta zirraragarria da, ustekabeko saria ematen die (noski, jokatzea azterketarako gaia da), beti taldean jokatzen da eta hezitzaile ari garenok helburua jartzen dugu, eta lana entregatzen duenak helburu horretara iristeko modua finkatzen du. Ikaskuntzaren autonomia da neurohezkuntzan etorkizunerako egiten dugun proposamena.

(Metodoak = Sherlock eta Black Stories)

Etorkizuna: ikaskuntzaren autorregulazioa hobetzea.

Inpaktu emozional handiko agertokiak aztertzen jarraitzeaz gain, egungo ikerketak praktika neurodidaktikoa objektiboki baloratzen laguntzen digu. Duela gutxi, Díaz-Cabrialesek ENEPID eskala garatu du neurohezkuntza maila neurtzeko (Díaz-Cabriales, 2023). Tresna hori laguntza bikaina da ikasgelara iristen den neurohezkuntza ebaluatzen hasteko. Agian, pixka bat egokitu beharko dugu goi mailako hezkuntzarako, eta zerbait gehituko dugu neuromitoen pertzepzioari eta desagerrarazteari buruz, borroka ia pertsonala baitaramagu hezkuntzan sasizientziak ez erabiltzeko.

Gure etorkizuneko proiekzioan, datuak lortu behar ditugu neurodidaktika ikasgeletan nola ezartzen den jakiteko eta ikaskuntzaren autorregulaziorantz pixka bat hurbiltzeko; izan ere, edozein adinetan irakatsi behar den trebetasun kognitiboa da (Muchiut et al., 2018), eta horrek gure etorkizuneko maisu-maistrak barne hartzen ditu. Oraingoz, ikaskuntza autorregulatzeko galdetegi batean datuak bildu ditugu Hezkuntza graduko ikasleen artean, eta horien arabera ez dago desberdintasun esanguratsurik aldagai soziodemografiko bakar batean ere, baina, geure harridurako, gaitasun hori hobetu egin da artikulu zientifikoak irakurtzen dituzten ikasleen artean. Alde nabarmenak daude lauhileko batean artikulu zientifikorik irakurtzen ez duten ikasleen eta artikulu bat edo bi irakurtzen dituztenen artean. Baina harrigarriena da bariantzaren % 70 baino gehiago aldagai horrekin azal daitekeela baldin konparatzen baditugu zientziako ezer irakurtzen ez duten ikasleak eta hamar artikulu edo gehiago irakurtzen dituztenak. Baina hori dagoeneko idazten ari garen artikulu baten zati da, eta, agian, laster ekartzen ahalko dugu, gure ikasleei ahalik eta ikaskuntza agertoki hoberenak ematen jarraitzeko.

Erreferentziak

Bueno Torrens, D., & Forés Miravalles, A. (2018). 5 principios de la neuroeducación que la familia debería saber y poner en práctica. *RIEOEI*, 78(1), 13–25. https://doi.org/10.35362/rie7813255

Deans for Impact (2015). *The Science of Learning*. Austin, TX: Deans for Impact.

Díaz-Cabriales, A. (2023). Escala neuroeducativa para la Planeación y la Intervención Didáctica (ENEPID). *JNeuroedu*, 3(2), 93–105. https://doi.org/10.1344/joned.v3i2.40828

Gaztela-Mantxako Komunitateen Junta. (datarik gabe). Manual para formadores de voluntariado Castilla La-Mancha. 2023Ko urtarrilaren 12an kontsultatua, hemen: http://www.portaljovenclm.com/documentos/publicaciones/Noticia_Manual_para_Formadores_de_Voluntariado_CLM.pdf

Li, L., Gow, A. D., & Zhou, J. (2020). The role of Positive Emotions in Education: A neuroscience perspective. *Mind, Brain, and Education*, 14(3), 220–234. https://doi.org/10.1111/mbe.12244

Muchiut, Á. F., Zapata, R. B., Comba, A., Mari, M., Torres, N., Pellizardi, J., & Segovia, A. P. (2018). Neurodidáctica y autorregulación del aprendizaje, un camino de la teoría a la práctica. *RIEOEI*, 78(1), 205–219. https://doi.org/10.35362/rie7813193

Torrijos-Muelas, M., González-Víllora, S., & Bodoque-Osma, A. R. (2021). The Persistence of Neuromyths in the Educational Settings: A Systematic Review. *Front. Psychol.*, 11. https://doi.org/10.3389/fpsyg.2020.591923

Webber, H. E., Lopez-Gamundi, P., Stamatovich, S. N., de Wit, H., & Wardle, M. C. (2021). Using pharmacological manipulations to study the role of dopamine in human reward functioning: A review of studies in healthy adults. *Neuroscience & Biobehavioral Reviews*, 120, 123–158. https://doi.org/10.1016/j.neubiorev.2020.11.004

Hezkuntza jarduketarako gako neuropedagogikoak

David Bueno i Torrens

UB-EDU1ST Neurohezkuntza Katedraren zuzendaria.
Irakaslea eta ikertzailea Bartzelonako Unibertsitatean, Genetika Biomediko,
Genetika Ebolutibo eta Garapen Genetikako Atalean.
dbueno@ub.edu

Heztea prozesu konplexua da, eta bertan hainbat faktorek esku hartzen dute. Horietako bat da irakasleek emandako bizipenen adibidea. Artikulu honetan eztabaidatuko da adibideak hezkuntza jarduketan duen garrantzia, eta hori praktikara eramateko zailtasunak aztertuko dira, garunak ezagutzak biltegiratzen dituen moduaren ondorioz.

Gako hitzak: neurohezkuntza, plastikotasun neuronala, adibidea, ikaskuntza.

Hiztegiaren arabera, heztea zera da, "gaitasun intelektual eta moralak garatu eta hobetzea (*haur edo gaztearenak*) arau, ariketa eta adibideen bidez". Latineko *educare* hitzetik dator, eta hura osatzen dute «e» aurrizkiak (kanpoan) eta «ducare» erroak (gidatu). Heztea, nolabait, kanpotik gidatzea da. Hezkuntza prozesu orotan, hezitzaileak, kanpotik gidatzen duenak, sekulako garrantzia du. Taldeko giroa sortzeaz arduratu behar du, ikasteko modukoa izan dadin, eta horrek hezkuntza prozesuak ahalbidetzeko ardatz bihurtzen du. Hau da, intelektualki estimulatzailea, emozionalki positiboa eta proaktiboa eta sozialki egonkorra izanen den giroa sortu behar du, ikasleek lorgarritzat joko dituzten erronkekin. Halaber, ikasleek ahalegina egin beharko dute esanguratsutzat eta saritzat joko dituzten helburu batzuk lortzeko.

Irakaslearen funtzioa eta adibidearen garrantzia

Irakaslearen funtzioa eta ikasleena, noski, desberdinak dira, baina funtsezko alderdi bat partekatu behar dute: ikasten eta intelektualki hazten jarraitzeko nahia. Nahi horrek esplizitua izan behar du, ikaslea errazago estimulatzeko. Horrek esan nahi du, logikoa denez, eskolen edukia, hau da, irakasten dena, garrantzitsua dela. Hala ere, are garrantzitsuagoa

eta guztiz erabakigarria da ezagutzak transmititzeko modua. *Modu* horrek barne hartzen ditu emozioekin, estimuluarekin eta erronkak sortzearekin lotutako alderdi guztiak, aurrera egiten jarraitzeko gogoak estimulatuko dituzten sentsazio positiboak sortzeko. Hasierako definizioaren arabera, heztea gaitasun intelektualak garatzea da, arauen, ariketen eta adibideen bidez. Irakasleak ikasleentzako adibidea izan behar du modu kontzientean. Irakasleak ere ikasten jarraitzeko nahia izan behar du, eta erronka berriei aurre egin, modu esplizituan, maiz hitzekin transmititu ezin duguna transmititzeko adibidearen bidez: motibazioa, zirrara, errespetua, konfiantza... Ez badirudi ere, horiek dira hezkuntza jarduketarako gako neuropedagogiko nagusiak. Transmititu nahi dena bizitzea. Hala ere, maiz ez da dirudien bezain erraza, betiere erraza badirudi. Nahiz eta badakigun beste hezkuntza bat ez soilik posible baizik eta baita desiragarria eta beharrezkoa ere badela, zergatik jarraitzen dugun ezagutzak modu klasikoegian transmititzen?

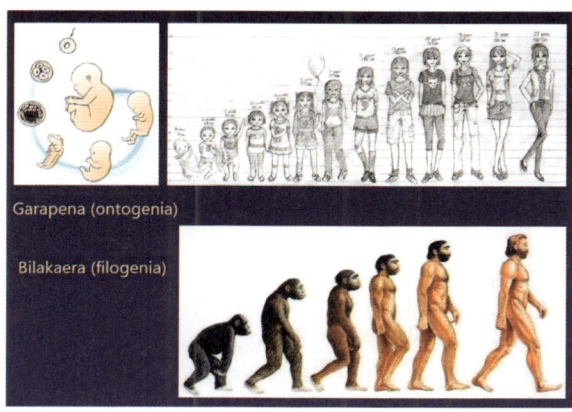

Garapena (ontogenia)

Bilakaera (filogenia)

Askotan, ez badugu hori xehetasunez eta modu kontzientean aztertzen, gurekin erabili zuten irakaskuntza estilo bera erabiltzen dugu, edo hamarkada batzuk lehenagokoa, nahiz eta jakin ez dela eraginkorrena. Artikulu hau sinatu duenak ere badaki hori, esperientzia propioagatik. Adibidez, nahiz eta jakin unibertsitatean eskola magistralak erabilgarriak direla, mugatu egin behar dira, ezagutzak eskuratzeko beste siste-

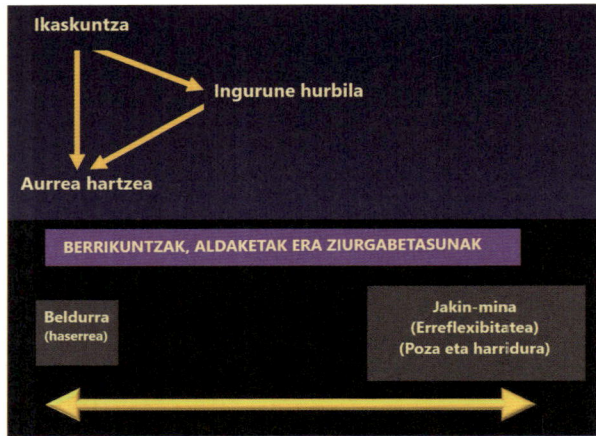

ma pedagogiko dinamiko eta proaktiboago batzuk erabiltzeko. Azken hamarkadetan hori guztia esan eta esperimentatu da, "pedagogia modernoa" izenekoaren barruan, emaitza oso positiboekin. Hala ere, oso zaila da hori praktikara eramatea.

Profesional asko jabetzen gara estrategia pedagogikoen garrantziaz, ikasleen parte-hartze proaktiboa ahalbidetzeko eta emozio positiboen nahiz ongi kalkulatutako erronken bidez motibatzeko, baina, orduan, zergatik kostatzen zaigu horrenbeste aldatzea? Zergatik gelditzen dira egiten ditugun aldaketak maiz bide erdian, eta zergatik ez ditugu guztiz sakontzen? Ondorioz, askotan eragiketa "kosmetiko" hutsak dira. Nola transmititzen ahal ditugu adibide berriak guk izan genuena imitatzen badugu, nahiz eta pentsatzen dugunaren eta egin nahi dugunaren aurkakoak izan? Erantzuna garunean dago, bizitza osoan zehar eskuratutako ezagutzak biltegiratzeko eta ondoren horiek erabiltzeko moduan. Garunaren funtzionamendua ezagutzeak aukera ematen du ahalduntzeko eta hazkunde pertsonala sustatzeko, gure ikasleentzat ere onuragarria izan dadin.

Irakasleok askotan modu prekontzientean eta konturatu gabe transmititzen ditugun adibideen garrantziaren adibide bat duela gutxi frogatu da, eta hazkunde mentalitatea izenekoan topatzen ahal dugu. Hasiera batean Carol Dweck psikologo estatubatuarrak proposatu zuen, mentalitate finkoaren aurka, eta, laburbilduz, proposatzen du ikasten eta intelektualki hazten jarraitzeko gai direla uste duten pertsonak gai direla askoz ere baliabide kognitibo gehiago erabiltzeko, horien artean motibazioa eta erronka berriei aurre egitea. Horrek aukera ematen die mentalitate finkoa dutenak baino askoz ere bidea luzeagoa egiteko (azken horiek uste dute mugara heldu direla eta ezin dutela jarraitu mentalki hazten). Dweckek hau proposatu zuen: mentalitate finkoko pertsona bati ikasteko gaitasunaren oinarri fisiologiko eta neurologikoak azaltzen bazaizkio, hau da, garuna plastikoa eta malgua dela eta beti egiten ahal direla konexio neuronal berriak, ezagutza, trebetasun eta esperientzia berriak biltegiratzeko, mentalitate finkoa hazkunde mentalitate bihurtuko da.

Lan neurozientifiko ugari saiatu dira proposamen hori frogatzen, eta emaitzak kontraesankorrak dira. Alde horretatik, duela gutxi argitaratutako metaanalisi batek, non zenbait lan dozena aztertu eta elkarren artean alderatu ziren, zera proposatu zuen: ikasteko gaitasunaren oinarri fisiologiko eta neurologiko horiek azaltzen dituen pertsonak hazkunde mentalitatea badu, lortzen du askoz ere ikasle gehiagok eskuratzea mentalitate hori, gutxienez denbora batez. Aldiz, azaltzen duenak mentalitate finkoa badu, ez du ia ezer lortzen. Irakasleok maiz modu prekontzientean gure ikasleei ematen diegun adibidearen garrantzi eta eraginkortasunaren adibide argia da hori.

Nola biltegiratzen ditu ezagutzak garunak?

Garunak ezagutzak biltegiratzen ditu bizitza osoan zehar, jaiotzatik hasita, topatzen dituen bizi esperientzien eta jasotako ikaskuntzen bidez. Bitxikeria gisa, jaio baino aste batzuk lehenago hasten da biltegiratzen. Fetuaren garapenaren zazpigarren hilabetetik aurrera, garuna lehen "oroitzapenak" biltegiratzen hasten da, adibidez ama hizkuntzaren erritmoa, eta, are garrantzitsuago, amak bizitzen dituen emozioak. Horrek laguntzen dio emozio propioak estimulatzen hasten. Ezagutza gehienak modu prekontzientean eskuratzen dira, eta, nahiz eta ez dakigun ezagutza horiek ditugula, gure garunaren barruan daude, eta konturatu gabe erabiltzen ditugu.

Hezkuntzan, beste adibide bat topatzen ahal dugu lehen haurtzaroan zehar haurtxoak

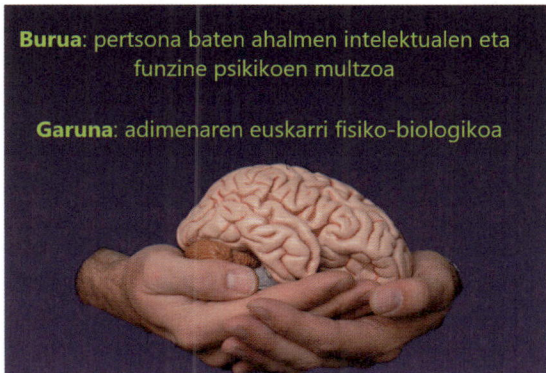

Burua: pertsona baten ahalmen intelektualen eta funzine psikikoen multzoa

Garuna: adimenaren euskarri fisiko-biologikoa

eta haurrak zaintzearekin lotutako eta gizartean errotutako genero alborapenean. Familia (guztietan ez, noski) eta Haur Hezkuntzako ikastetxe askotan, normalean, emakumeak arduratzen dira "pertsonatxo" horiek zaintzeaz, eta gizonen presentzia txikia da; ondorioz, garunean ideia hau finkatzen da: "haurrak zaintzea emakumeen kontua da". Onartzen dut gaia polemikoa dela, eta, zalantzarik gabe, beste gizarte arrazoi asko daudela, baina adierazi dudan horrek genero alborapena mantentzea dakar. Hori ekiditen ahal da eta ekidin behar da, bitarteko egokiak erabiliz gero, horien artean ematen diegun adibidea.

Garunean finkatzen diren ikaskuntza guztiak, hau da, azkar ahazten ez direnak, garuneko neuronen arteko konexio patroietan biltegiratzen dira. Mota guztietako ezagutzak sare neuronal nahaspilatuen konexioetan mantentzen dira. Gogoratzen dugun ezagutza, ikaskuntza, trebetasun, jarrera eta esperientzia bakoitzak konexio neuronalen patroi propioa sortzen du, eta horiek elkarren artean hibridatzen dira ikaskuntzak elkarren artean lotzeko.

Ezagutza, ikaskuntza edo esperientzia orok konexio berriak sortzen ditu, baina ez dira islatuta gelditzen uharte autarkiko moduan, eta aurreko ezagutza, ikaskuntza eta esperientziekin hibridatzen dira, bereziki haiekin lotura dutenekin. Gure garu-

Plastikotasun neuronala

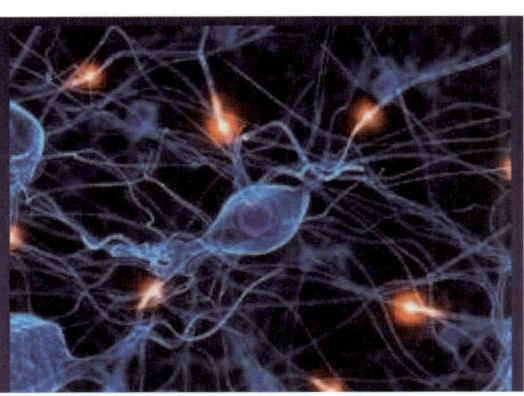

nak modu biologiko horretan integratzen ditu ezagutza berriak aurrekoetan, eta horien artean hari eroale bat mantentzen du, gure memoria biografikoarekin gertatzen den moduan. Oso sistema eraginkorra da, aukera ematen baitu aurreko edozein ezagutza hedatu, findu eta zehazteko, esperientzia berrietatik abiatuta; beraz, hazkunde intelektuala errazten du. Baina irakasleontzat jokaldi makurra da hori. Haurtzarotik gure lanbidearekiko kontaktu zuzena eta bizipenetan nahiz esperientzian oinarritutakoa dugun profesional bakarrak gara. Jarraian azalduko dut hobeki, eta horren garrantziaren xehetasunak emanen ditut.

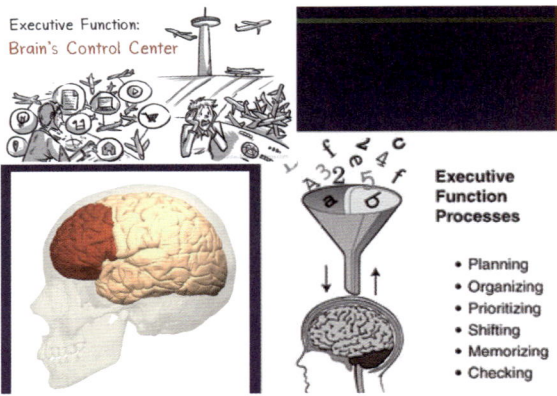

Iraganak gure orainaldian eragiten du baita gure ikasleen etorkizunean ere

Haur bat, adibidez, suhiltzaile izatera jolasten ahal da. Jolasa da natura eta gizarte inguruneari buruzko ezagutzak eskuratzeko senezko modua, baina ohikoena da ez izatea zuzeneko harremanik benetako suhiltzaileekin edo ez ikustea horiek sute bat itzaltzen zuzenean eta maiz. Jolasak aukera ematen die helduen bizitzako egoerak erreproduzitzeko modu seguru eta kontrolatuan, baina ez dute hori benetan esperimentatzen. Ondoren, erabakitzen badute suhiltzaileak izatea, lanbidearekin lotutako ezagutza guztiak ikasiko dituzte hutsetik, aurreko esperientzien interferentziarik gabe; izan ere, kasu gehienetan ez dituzte izanen benetako suhiltzaileak adibide profesional gisa. Irakasleen kasua ez da hori, baizik eta aurkakoa.

Esan dudan moduan, guztiok izan dugu kontaktu zuzena eta bizipenetan nahiz esperientzian oinarritutakoa irakasleekin, lanean ari ziren bitartean, hau da, guri eskola ematen. Hiru, lau edo bost urte genituenetik, eta batzuetan lehenagotik, egunero zenbait ordu eman ditugu gure irakasleekin. Orduz ordu, egunez egun, astez aste, hilabetez hilabete eta urtez urte, hogei urte baino gehiago bete eta gure unibertsitateko ikasketak amaitu arte, gure garunetan pilatu ditugu, gure irakasleek transmititu dizkiguten ezagutzez gain, horiek transmititzeko modua, eta azken hori modu berezian. Kalkulu proiektibo sinple baten egiten, egunean bost ordu eman baditugu ikastetxe batean hiru urte genituenetik hogeita bi urte bete arte, kontuan hartuta eskola ikasturte batek berrehun egun baliodun inguru dituela,

gure bizitzan 19.000 ordu eman ditugu irakasleekin eta haien hezkuntza jarduketako estiloekin kontaktuan!

Hau da, gure garunak, konexio neuronaletan, honako hauek pilatu dituzte: erabilitako estrategia pedagogikoak; kontuan hartu zuten ala ez giro emozionalki positiboen eta sozialki egonkorren sorrera; motibatzeko modua (edo motibatu ez izana); estimulatzeko, adibidez, erridikulua erabili zuten edo, aldiz, erronka berriei aurre egiten laguntzeko hitz adcre emaileak erabili zituzten; kontzeptuak modu akritikoan eta hausnarketarik gabe memorizatzera behartzen zuten edo ikasgelan eztabaidatzeko aukera ematen zuten; eskatzer ziguten ahalegina saritzen zuten amaierako emaitzekin, edo horiek ikasle batzuentzat eskuraezinak ziren; maila ikasleen gaitasunetara egokitzen ziren edo batzuei gehiegi eta beste batzuei gutxiegi eskatzen zieten (ez dugu ahaztu behar pertsona bakoitzak gaitasun kognitibo desberdinak dituela, eta gehiegi eskatzeak motibazioa galtzea dakarrela, ez baitira lortzen aurreikusitako gutxieneko emaitzak, eta gutxi eskatzeak ere motibazioa galtzea dakar, ez baitago erronkarik); azalpen guztiak magistralak ziren edo askotariko egoera aberasgarriak sortzen ziren ikasgelan; azterketa, kontrol edo probaren egunean estresa sortzen zuten jarrerarekin edo ikasleen autokonfiantza indartzen zuten erronken bidez onena eman zezaten; eta horrelako beste aukera ugari daude.

Ispilu-neuronak

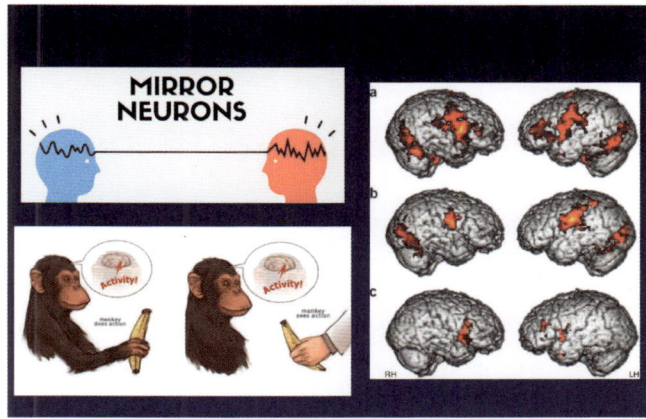

Ondorioak

Hori guztia aplikatuko dugu gure garuna bizitza osoan zehar eraiki eta berreraikitzen den moduan. Hezteko moduak ere konexio neuronalak sortu zituen, beste edozein bizi esperientziak bezala, eta horiek transmititu zizkiguten ezagutzekin eta izan genituen gainerako esperientzia guztiekin hibridatu ziren. Hori gertatu zen gure hezkuntzak iraun zituen urteetan zehar. Hezitzaile prestakuntza jasotzean, ziur asko hezteko beste modu batzuk ikusi genituen, eta nola egin jakinda irten ginen. Baina ezagutza berri horiek aurrekoekin hibridatu ziren sare neuronalen bidez; beraz, ikasgelara heltzean, irakasle gisa ikusten garenean gure

ikasleen aurrean, gure garuna beharrezko sareak aktibatzen hasten da, eta horren barruan sartzen dira, irakasle gisa jaso dugun prestakuntza espezifikoan sortutakoez gain, aurreko guztiak ere. Hau da, gure heziketa biltegiratu zuten sare neuronalak ere aktibatzen dira, eta, beraz, antzeko moduan errepikatzeko joera dugu. Beste modu batean esanda, egin nahi genuena jaso genituen adibideekin nahasten da, eta aurreikusi genituen aldaketak desa-gertzen dira. Gainera, estres egoeretan (eta ikasgela barruan estres egoerak sortzen dira), garunak konexio zaharrenak lehenetsi ohi ditu, sustrai sakonagoak dituztelako. Eta horiek dira gure ikasleei ematen dizkiegun adibideak.

Ezinezkoa da ezagutza hibridazio horiek ekiditea, eta, gainera, ez litzateke ona izanen, baina bizitza inspiratzaileak sortzeko, zalantzarik gabe, hezkuntza jarduketako alderdi neuro-pedagogikoak aldatu behar dira. Gure garunak ez digu hori errazten, hezitzailearen aldaketa neurologikoa eta pentsamenduarena moteltzen baititu. Soilik modu batean lortzen ahal da: eragin nahi dugun aldaketaz eta transmititu nahi ditugun adibideez jabetzea, eta gure barruan eragitea ikasleei eragin aurretik. Hezitzaileak ere bere burua hezi behar du. Horrek dakar metakognizioa delakoa lantzea, hau da, gure prozesu kognitiboez jabetzeko gai izatea, ahalik eta gehien indartzeko gure ikasleei esportatu nahi dizkiegun bizi ezaugarriak. Gure aldaketa eta adibiderik gabe, hezkuntzako aldaketa beti izanen da partzialegia. Bizitza ins-piratzaileak sortzeko, inspiratzailea izan behar da.

Bibliografia

BUENO, D. (2016) *Cerebroflexia. El arte de construir el cerebro*. Bartzelona: Plataforma Editorial.

BUENO, D. (2017) *Neurociencia para educadores*. Bartzelona: Octaedro.

BUENO, D. (2019) *Epigenoma*. Bartzelona: Plataforma Editorial.

BUENO, D. (2019) *Neurociencia aplicada a la educación*. Madril: Editorial Síntesis.

BUENO, D. (2019) Growth in learning, academic attainment, and well-being. *IBRO/IBE-UNESCO Science of Learning Briefings*.

BUENO, D. (2022) *El cerebro del adolescente*. Bartzelona: Grijalbo.

BUENO, D., & TRICAS, M. (2023) *Emociones a raudales*. Bartzelona: Octaedro.

CARBALLO, A., & PORTERO, m. (2018) *10 Ideas clave. Neurozientzia eta hezkuntza. Aportaciones para el aula*. Bartzelona: Graó.

ELIZONDO, C. (2022) *Neuroeducación y diseño universal de aprendizaje: Una propuesta práctica para el aula inclusiva*. Bartzelona: Octaedro.

GUILLEN, J. (2017) *Neuroeducación en el aula: De la teoría a la práctica*. Autoedizioa.

MORA, F. (2021) *Neuroeducación: Solo se puede aprender aquello que se ama*. Madril: Alianza Editorial.

REDOLAR, D. (Ed). (2023). *Neurociencia cognitiva*, 2. Ed. Madril: Editorial Médica Panamericana.

REDOLAR, D. (Ed). *Psicobiología*. Madril: Editorial Médica Panamericana.

STASEN BERGER, K. (2016) *Psicología del desarrollo: infancia y adolescencia*. Madril: Editorial Médica Panamericana.

Neurozientzia eta funtzio betearazleak

Javier Tirapu Ustárroz
Psikologo klinikoa eta neuropsikologo klinikoa
Iruñeko San Juan de Dios klinikan
javiertirapuu9158@gmail.com

Gizabanakoak gai izan behar du, kontzienteki, bere pentsamenduak, ekintzak eta emozioak kontrolatzeko eta koordinatzeko, eta horixe egiten dute funtzio betearazleek.

Funtzio betearazleak gaitasun kognitiboak dira, eta, horiei esker, jokabide eraginkorra, sortzailea eta sozialki onartua gara dezakegu egoera berrietan, zeinetarako ez baitugu aurretiazko jarduketa planik.

Gako hitzak: funtzio betearazleak; neuropsikologia; ikaskuntza; emozioak; prozesu betearazleak.

Emozioei eta ikaskuntzari buruz gogoeta egin nahiko nuke. Beti esaten dugu haurrek pozik, motibatuta eta alai egon behar dutela ikasteko. Ikerketa zientifiko batzuek frogatu dute hori ez dela horrelakoa. Schachter psikologo ospetsuenetako bat da memoriaren azterketaren arloan, eta bere taldeak ikerketa bat egin zuen estimuluen inguruan: batzuek poza eragiten zieten haurrei, eta beste batzuek, aldiz, beldurra beste haur batzuei. Kontuan izan behar da emozioak normaltasun atalase jakin batzuetan mugitzen direla, halako moduan non atalase horren gainetik patologia sortzen den, baina baita azpitik ere. Estimulu horien ondoren, haur guztiek, hau da, poza zein beldurra sentitu zutenek, luzera bereko testu bat ikasi behar zuten. Haur horiei testua ikasten ari ziren bitartean gelan zer zegoen galdetzen zitzaienean, poza sentitu izan zutenek ez zuten testuinguru hori gogoratzen; beldurra sentitu zutenek, berriz, inguruan zegoen guztia gogoratzen zuten. Beraz, hobeki ikasi zuten beldurra sentitu zutenek. Adibide horrek erakusten digu ezin dugula eboluzionismoa alde batera utzi; beharrezkoa da ulertzea nola funtzionatzen duen giza garunak.

Antzina, oihanean bizirauten ikasten zen, eta horixe zen helburua. Hori oso garrantzitsua da ikaskuntzan. Oihanean estimulu bat dago, beldurra eragiten dizuna eta, beraz, beldurra sentitzen duzu; adibidez, animalia batetik ihes egin behar baduzu, animaliaren ezaugarriak

ikasten dituzu eta arreta jartzen duzu ihes egiteko balizko ibilbideetan, ingurura begira; beraz, testuingurua ikasten duzu. Hau da, beldurra sentitzen den bitartean, testuingurua ikasten da, eta horrek bizitza salbatzen du eta biziraupena bermatzen du.

Horregatik, ez zait bidezkoa iruditzen emozio positiboak eta negatiboak bereiztea, definizioz guztiak positiboak baitira. Darwin zuzen bazegoen, emozioak alerta seinaleak dira, bilakaerak gorputzean edo organismoan zizelkatzen dituenak biziraupena eta biziraupenaren kalitatea bermatzeko. Emozio guztiak positiboak dira, gizakiaren egokitzapena lortu nahi baitute.

Gaur egun, "emozio negatiboak" deiturikoak kalte handia egiten ari dira, ematen baitu ezin dela emozio desatsegin bat sentitu; hala ere, emozio horiek moldatzekoak dira (beldurra, nazka, tristura, haserrea, amorrua...).

Gizakiak sentitzen dituen oinarrizko emozioetatik gehienak desatseginak dira; horrek esan nahi du ez gaudela zoriontasunerako diseinatuta. Gizarte perfektuaren ideia saldu nahi digute, adibidez, zorionaren gizartea, eta ni ez nago oso ados horrekin.

Orain, funtzio betearazleei buruz hitz eginen dut. Kontzeptu hori oso modan dago, zeharrargia da, eta prisma edo aurpegi asko ditu.

1984an, Muriel Lezakek honela definitu zituen funtzio betearazleak: bizitza eraginkor eta sozialki egokitua gauzatzeko esku hartzen duten prozesuak. Definizio hori zientziaren filosofian oinarritzen da, infiniturako erregresioaren kontzeptuan, hain zuzen, eta hori onartezina da zientzian.

Nire ustez, Darwin onena izan zen funtzio betearazleak definitzen, esan baitzuen bizirik dirauen espeziea ez dela indartsuena, ezta adimentsuena ere, aldaketetara hobekien egokitzen dena baizik.

Aurrealdeko lobuluan garuneko lesioak zituzten pazienteak tratatzen zituen neuropsikiatra batek 1939an adierazi zuen, paziente horiei zegokienez, deigarriena zela ongi zeki-

tela ohiko egoerak konpontzen, baina ez egoera berriak. Funtzio betearazleen definizio oso zehatz eta polita da hori.

Nire ustez, funtzio betearazleak eta hezkuntza zentratuegi daude prozesu kognitiboetan. Neurozientziaren arabera, lehenbizi sentitu egiten da eta gero pentsatu egiten da.

Emozioen agertokia gorputza da, eta berak adierazten digu zer egin behar dugun, hau da, lehenbizi sentitu egiten dugu eta gero pentsatu egiten dugu. Zaila da emozioak kontrolatzea, adibidez, haserre dagoen haur bati esaten diozunean 20ra arte konta dezala.

Funtzio betearazleei eta garunari buruz hitz egiteko orduan, arreta handia jartzen dugu "miopía kortikozentrikoa" esaten zaion horretan, hau da, miopeak gara, prozesu kognitiboak baino ez baititugu kontuan hartzen. Gizakiok prozesu kognitiboak ditugu; izan ere, pentsatzen dugu, sentitzen dugu —emozioak ditugulako—, jarduten dugu, jokabideen arabera dihardugu eta izaki sozialak gara izatez.

Balzacek esaten zuen bakardadea zoragarria zela, norbaitek gogoratzen dizun bitartean.

Beraz, haurrentzako hezkuntza holistikoak aldagai kognitiboak, emozionalak, jokabidearenak eta sozialak hartu behar ditu kontuan.

Hezkuntza eraginkorra da, jokabidea aldatzen badu, jokabideak aldaketa eragiten duelako garunean.

Beraz, azken batean, gizakiaren jokabideak aldatzen du garuna; hau da, egiten dudanak, eta ez pentsatzen dudanak.

Mugimendu motorrek askoz ere mihiztadura sendoagoak sortzen dituzte garunean; beraz, haurrek, ikasteko, mugitu egin behar dute.

Funtzio betearazleez ari garenean, infinituraka erregresioaren tranpan erortzen gara

Funtzio betearazleak prozesu multzo bat dira; hala ere, komunitate zientifikoko kideak ez dira ados jartzen funtzionamendu betearazlean esku hartzen duten prozesuak zehazteko orduan. Beti erabiltzen da orkestra zuzendariaren adibidea: berak ez du musika tresnarik jotzen, baina gainerako guztiak zuzentzen ditu, modu harmonikoan jo ditzaten.

Lanaren memoria kortex prefrontalean dago, baita plangintza, malgutasun kognitiboa eta enpatia ere. Bi enpatia mota daude: bata kognitiboa da, hau da, besteak zer sentitzen duen jakitea; bestea, berriz, emozionala da, hau da, beste pertsonak sentitzen duena sentitzea norberak.

Beraz, kortex prefrontalak bere prozesuak ditu, hau da, bere musika tresnak jotzen ditu. Hori dela eta, orkestra zuzendariaren adibidea ez itzateke baliozkoa izanen. Kortex prefrontala labana suitzar bat bezalakoa da, une bakoitzean tresna desberdin bat ateratzen baitu egoera hori konpontzeko. Egokigarritasun horrek bereizi egiten du, bere prozesuak dituelako, eta, beraz, ez da orkestra zuzendari bat.

Haurrei hezkuntzan lagundu ahal izateko, nire ustez, badago funtsezko galdera bat: zer prozesuk esku hartzen dute funtzionamendu betearazle on batean?

Gutxienez, hogeita hamar prozesu betearazle daude, eta adostasuna lortu behar zen. Beren artean nolabaiteko harremana izan arren, prozesu bakoitza banaka ebaluatu behar da.

Prozesu betearazleen ereduak berrikusita, Miyaki japoniarraren ereduari erreparatu diogu, non funtzio betearazleen bederatzi proba egiten diren. Bederatzi test horietatik, lauk lotura oso sendoa izan dute. Beraz, lau test horiek independenteak badira ere, hain indartsu batzean prozesu bera baloratzen ari dira. Lotura horiek direla eta, hiru prozesu daudela esaten da. Eredu hori 2000an argitaratu zen.

Lau urte geroago, berriro egin zen azterketa, baina bederatzi proba egin beharrean, hamaika egin ziren. Horren ondorioz, laugarren prozesu bat agertu zen. Horri analisi faktoriala esaten zaio.

Interesgarria da prozesu horiei buruz hitz egitea: zer probak antzematen duen prozesu bakoitza eta garunaren zer aldetan dauden.

Arrazoibide abstraktua prozesu betearazletzat jotzeari dagokionez, bi mota bereizten dira:
- Konbergentea: irtenbide on bat edo bi ditu, eta, nolabait, ez dago desberdintasunik gizabanakoen artean, emandako erantzunak oinarri hartuta (adibidez, zer kolore gustatzen zaizu gehien: gorria edo urdina).
- Dibergentea: estimuluak ez daude hain argi eta, beraz, erantzunak oso desbercinak dira (adibidez, zein kamiseta jantziko duzun gaur).

Modu subjektibo asko daude egoera berriak konpontzeko.

Funtzio betearazleak arrazoibide dibergentea dira, erantzun posible asko baitaude. Hala ere, arrazoibide abstraktua arrazoibide konbergentea da.

Funtzio betearazleak, beraz, ezin dira arrazoibide abstraktu batetik baloratu, arrazoibide dibergentea baitira, eta antzekotasunak, berriz, konbergentea.

9 prozesu daude, jarraitu beharreko ordena jakin bat dutenak. Hauek dira nabarmenenak:
- Prozesatze abiadura. Garun batek lan egiteko duen abiadura da. Garun motela ez da garun eraginkorra. Garunaren % 80 substantzia zuria da eta % 20 grisa; horrek esan nahi du % 20 hori dela benetan informazioarekin lan egiten duena eta % 80k loturak ezartzen dituela lan egiten duten aldeen artean. Substantzia zuria hiru hitzen bidez defiri daiteke: abiadura, konektagarritasuna eta sinkronia. Haur askok prozesatze abiadura txikia dute; gauzak ongi egin ditzakete, baina motelak dira. Batzuetan, gainerakoek baino denbora luzeagoa behar dute gauzak ongi egiteko, besterik ez. Beraz, substantzia zuriaren erasana dute. Hau da, garuna azkarra ez bada, ikasteko arazoak ditu. Nire ustez, arrazoibide abiadura ez da prozesu betearazlea, ordenagailuaren softwarea bezalakoa baizik.
- Lanaren memoria. 20 segundoko tarteetan informazioa erregistratu, mantendu eta erabiltzeko gaitasuna da. Lanaren memoriak sistema betearazle zentrala du, eta haren eginkizuna da iristen zaion informazioa mantentzea eta erabiltzea. Haur batzuek arazoak izan ditzakete informazioa mantentzeko, eta beste batzuek informazio hori erabiltzeko, gauza desberdinak baitira.
- Inhibizio prozesuak. Garrantzirik gabeko estimuluak kontrolatzeko gaitasuna da. Inpultsibotasunaren kontrola esaten diogu horri. "Stroop-en testa"ren bidez neurtzen da hori. Haurrek inpultsibotasun handiagoa dute jokabidean, baina hori baloratzen saiatzen ari gara hitzezko inpultsibotasunaren test baten bidez. Onena litzateke bi inhibizio mota

planteatzea: hitzezkoa eta motorra. Hitzezko inhibizioa "Stroop-en testa"ren bidez balo-ratzen da; inhibizio motorra, berriz, "Gonogo" bezalako paradigmen bidez. Estimuluen % 80 "go"dira, eta % 20 "nogo".

Haur bat inpultsiboa denean, inhibizio arazoak dituela pentsatzen dugu, baina inpul-tsiboa ez denean, ez omen ditu arazo horiek. Nire ustez, haurraren inpultsibotasunaren maila baloratu behar dugu, izan dezakeen ir hibizio maila ezagutzeko.

- Memoria biltegietarako sarbidea. Memorian bilatzeko estrategiak dira.
- Arreta banatua. Aldi berean bi estimulu desberdini jaramon egiteko gaitasuna da. Arreta ezin da banatu, baina garunak aldi berean paraleloan konektatutako domeinu desberdi-neko bi prozesurekin lan egin dezake. Horrek ez dakar arreta banatzea. Hori da burmui-nak sarean egiten duen lana. Exekuzio dualaren paradigma da.
- Malgutasun kognitiboa. Arazo bat konpontzeko hainbat hipotesi sortzeko gaitasuna da. Zenbat eta hipotesi gehiago sortu, orduan eta sentikorragoa edo sortzaileagoa izanen da garuna. Hori baloratzeko testik onena "Hanoiko dorrea" da. Jatorria antzinako kultura batean du, eta etorkizunera egokitzeko balio duten jolas mentaletan oinarritzen da.
- Erabakiak hartzea. Damasioren markatzaile somatikoaren arabera, emozio batekin har-tzen ditugu erabakiak, ez arrazoiarekin. Ikerketen arabera, inpultsibotasunak eta eraba-kiak hartzeak drogak kontsumitzeko joera areagotzen dute.

Erabakiak hartzeak zalantzazko eremuetara garamatza, adibidez, askatasunaren kontzeptura. Hau da, esperimentu batzuek erakusten dute zerbait gustatzen zaigula, gustatzen zaigula sinestarazten digutelako, ez guri benetan gustatzen zaigulako.

Amaitzeko, esanen nuke ez dudala adimenean asko sinesten, baina, nire ustez, adimenaren eragileak dira ikasteko maitasuna, jakin-mina eta pertseberantzia.

Tomás Hardyren esaldi batek dio bizitzan honako hauek izan behar dituzula: gaitasuna, alda dezakezuna aldatzeko; baretasuna, aldatu ezin duzuna onartzeko; eta adimena, bata eta bestea bereizteko.

Don Milani pedagogo italiarrak esaten zuen kezka handiegia sortzen zigutela haurrei irakas-teak eta zer irakatsi jakiteak, baina benetan kezkatu behar gintuena zela nolakoak izan behar dugun, irakasteko gai izateko.

Amaitzeko, Ramón y Cajalen esaldi bat aipatuko dut, beti gustatu izan baitzait: "neuronak forma delikatu eta dotoreak dituzten zelulak dira, arimaren tximeleta misteriotsuak, eta batek daki egunen batean hegoak astintzearekin batera bizitza mentalaren sekretua argituko den eta guztiak egunero apur bat hobeak izaten ahalko garen.

Pedagogia aktiboei aplikatutako neurohezkuntza. Begirada bat Mendigoititik

David Castrillo Álvarez

Lehen Hezkuntzako maisu espezialista. Mendigoiti IPko ikasketaburua

dcastria@educacion.navarra.es

Idazki honen bidez azaltzen dugu Mendigoiti ikastetxetik ematen dugun erantzuna, neurohezkuntzan oinarritua. Eskola bizia eta aktiboa gara, hezkuntza-eraldaketarekin konprometitua, eta une oro aztertu eta hausnartzen dugu egiten duguna, betiere kontuan hartuz ikaskuntza zientzietatik datozkigun ekarpenak eta aurrerapenak.

Gako-hitzak: neurohezkuntza, pedagogia aktiboak, inklusioa, ikaskuntzaren pertsonalizazioa, inguruneak.

Lehenik eta behin, eskerrik asko gonbidapenagatik eta gaur hemen egoteko aukera eskaintzeagatik. Gaur bakarrik natorren arren, proiektu honen atzean talde oso bat dago, gaur egun etortzerik izan ez duena; izan ere, une honetan eskolako ateak irekitzen ari gatzaizkie HikHasi-ren prestakuntza itzela jasotzen duten hainbat irakasleri, Mendigoitik prestakuntza horretan laguntzen baitu.

Gaur zuekin partekatu nahi dut gure erantzun hezitzailea, non neurohezkuntza gure markoa baita; eta, hain justu, neurohezkuntza da jardunaldi hauen aztergaia. Ez du esan nahi modu bakarra denik, ezta onena denik ere. Gainera, etengabe eboluzionatzen ari gara, eta baliteke gaur azalduko dudana hurrengo ikasturterako aldatzea.

Gure hezkuntza erantzunaren oinarriak

Gure proiektua garatzeko oinarri ditugun ardatz nagusi eta transbertsal gisa, 3 iturri nabarmendu behar ditugu; izan ere, gure praxien gidari eta inspirazio iturriak dira: *diziplina positiboa*, *inklusioa* eta *neurohezkuntza*.

- Diziplina positiboa gure marko eta eredua da ikasleei gidaritza eta laguntza emozionala emateko; horretan, Marisa Moya da gure erreferentzia eta inspirazio iturria. Zorionez urtero dugu Marisa Mendigoitin ziurtapenak egiten, bai komunitatearentzat bai prestakuntza jaso nahi dutenentzat.

- Guretzat, inklusioa oinarrizko beste marko errefentzial bat da, bermatzeko ikasle guztiak taldean integratzen direla, jardueretan parte hartzen dutela eta garapenean aurrera egiten dutela, inor etiketatu edo juzgatu gabe eta gaitasunaren arabera bereizi gabe. Inklusioan erreferente handi baten aholkularitza dugu: Coral Elizondo. Hezigarri programaren bidez laguntzen digu, eta gidaritza eta gogoetagaiak eskaintzen dizkigu, ikasle guztientzat inklusiboa den ikastetxearen hezkuntza proiektuaren markoak eta balioak ezartzeko. Alde horretatik, ikaskuntzaren diseinu unibertsalak laguntzen digu guztiontzat egokitutako diseinu bat pentsatzen eta planifikatzen, kapazitismoa oinarri duen eredu nagusitik urrun —non ikasle batzuk bereizi eta baztertzen baitira trebetasunik eta ezagutzarik ez badute—, eta aniztasunari arreta ematetik ikaskuntzaren pertsonalizaziora pasatu gara, interesetatik abiatu eta indarguneak garatzeko (César Coll).

- Neurohezkuntza, jardunaldi hauen gai nagusia, gure proiektua garatzeko beste oinarri garrantzitsu bat da. Zientziaren adar emergente bat da, eta informazio oso baliagarria ematen ari da garunaren funtzionamenduari eta ikasteko eragin handiko estrategiei buruz. Diziplinarteko diziplina da eta, konplexua izan arren, gero eta errazagoa dugu sortzen diren ezagutzak eskuratzea Neurohezkuntzako UB-Edu1st katedraren zubi-lanari esker. Anna Forések esaten duen bezala, "*hezten ikasteko, nola ikasten den ezagutu behar da, horren arabera hezteko*". Gogoeta hori oso sakona da, sinplea eta logikoa dirudien arren. Gonbidatzen gaitu hausnartzera fokua non jartzen dugun, irakaskuntzan edo ikaskuntzan. Eskoletan, irakasleek, oro har, arreta handia jartzen dute irakatsi beharreko gaietan, baina hauxe galdetu behar diogu geure buruari: ordaintzen al dute irakasteko, edo ikasleek ikas dezaten lortzeko? Hain zuzen ere, neurohezkuntzak fokua

jartzen du pertsonek nola ikasten duten jakitean eta ezagutza horietatik abiatuta giroak diseinatzean. Horrez gain, neurohezkuntzak planteatzen duen beste erronka handi bat da irakasleen artean kultura zientifiko bat sortzea, okurrentzietatik ebidentzietara igarotzeko, beste sektore batzuetan —medikuntzan, esaterako— lan egiten den bezala, hau da, ikaskuntzaren zientzialariak sortzea, espezializazio berriak sortuz, hala nola neurohezitzaile profila, Francisco Morak planteatzen duen bezala.

Estrategia pedagogikoak

Mendigoitin metodologia aktibo desberdinetatik edaten dugu, programazioetan eta ikasgelako ehunean txertatzeko. Ebidentzietan oinarritutako estrategiak dira horiek guztiak. Beheko irudietan, gaur egun ezartzen ari garen estrategien laburpena agertzen da.

Estrategia horiei 3 programa sozioemozional gehitu behar zaizkie. Ezinbestekotzat jotzen dugu gaitasun sozioemozionalen ikaskuntza integratzea, irakaskuntza-ikaskuntza prozesuaren oinarrizko helburuetan txertatuz eta ordutegian hura garatzeko denbora nahikoa esleituz.

Horregatik, 3 programa sozioemozional ezartzen ari gara: *Kindness* Curriculum Haur Hezkuntzan, *MindUp* Lehen Hezkuntzan eta *Tools of the Mind* Haur Hezkuntzako azken mailan eta Lehen Hezkuntzako lehen mailan. Ikerketak bermatutako programak dira, eta eragin zuzena dute ongizate pertsonalean, funtzio exekutiboen garapenean eta errendimendu akademikoan.

- Kindness Curriculum Richard J. Davidson-ek garatutako adeitasun plana da, eta txikien komunitatean aplikatzen dugu (Haur Hezkuntza etapan).
- MindUp Goldie Hawn aktoreak eta Judy Willis neurologoak garatutako programa bat da. Bertan, praktika kontenplatiboak egiteaz gain, ikasleei irakasten zaie beren garunak nola funtzionatzen duen, eta horrek asko laguntzen du ahalduntzean eta autonomian. Programa hori ertainen eta handien komunitatean aplikatzen dugu (Lehen Hezkuntza etapan).
- Tools of the Mind programa Lev Vygotsky eta Elena Bodrova psikologoen lanetatik dator, eta Adele Diamond ikertzaileak garatu du. Programa honen helburua da funtzio exekutiboak hizkuntzaren eta jolas sinbolikoaren bidez garatzea. Programa hau Haur Hezkuntzako azken mailako eta Lehen Hezkuntzako lehen mailako ikasleei aplikatzen diegu, beren eboluzio ezaugarriengatik egokia baita. Programak berak dakartzan onurez gain,

etapa arteko trantsizioan dauden ikasleei aplikatzen zaienez, ikasleak etapa batetik bestera igarotzea erraztu nahi da.

Denboren antolaketa

Beheko irudian ikus daitekeenez, "arlo" eta "saio" kontzeptuez haratago goaz hiru egitura pedagogiko nagusiren bidez. Egitura horiek osatzen dute gure ikasleen egunerokoa, adinaren araberako hiru komunitateetan.

Txikien komunitatean (Haur Hezkuntzan), hiru egiturak hauexek dira: ikaskuntza giroak, ikasgelako ehuna (Tools of the Mind programaren aplikazioarekin batera 5 urtekoekin) eta prozesuak. Ikasleak 10 minutuko epe malgua du eskolan sartzeko. *Ikaskuntza giroetan* 3, 4 eta 5 urtekoak nahasten dira, aukeratzen ahal dute zer girotan lan egin nahi duten. *Ikasgelako ehuna* egituran, erreferentziazko ikastaldearekin egiten da, eta ikasleek behaketa gidatuak egiten dituzte. Azkenik, *prozesuak* egituran, irakasleek taldeak antolatzen dituzte, adin desberdinak nahasteko. Talde horiek txandaka ibiltzen dira batetik bestera, prozesu guztietatik igarotzeko: psikomotrizitatea, euskara, kontzientzia fonologikoa, matematika, musika eta baratzea.

Denboraren antolaketa

	Astelehena	Asteartea	Asteazkena	Osteguna	Ostirala
08:50 - 09:35 / 09:35 - 10:10	Txikien komunitatea: Ikaslekuak Txikien eta handien komunitatea: Proposamen dibertsifikatuak eta maila anitzekoak, ikaskuntzaren diseinu unibertsalak gidatuak (bikoteka/kooperatiboki)				
10:10 -10:30	Ertainen eta handien komunitatea: MindUp programa sozioemozionalak + "aho bizi".				
10:30 - 11:05 / 11:05 - 11:50	Txikien komunitatea: Ikasgelako ehuna + *Tool*-ak Ertainen komunitatea: Ikaslekuak Handien komunitatea: Ikaslekuak eta tailerrak			Metakognizioa	
11:50 -12:30	Patio Inklusiboa				
12:30-12:40	Ertainen eta handien komunitatea: MindUp programa sozioemozionalak + "aho bizi".				
12:40 - 13:15 / 13:15 - 14:00	Txikien komunitatea: Prozesuak Ertainen eta handien komunitatea: Ikasgelako proiektuak + *Tool*-ak				

Lehen hezkuntzako etapari dagokionez, honako hauek dira egiturak: proposamen dibertsifikatuak eta maila anitzekoak, DUA klabean, proiektuetan oinarritutako ikaskuntza- eta ikaskuntza-giroak, Tools of the Mind-ekin batera, lehen hezkuntzako lehen mailan

Proposamenak diseinatzeko, curriculum-esparruaren eta Bloomen taxonomiaren arteko bat-egitea erabiltzen dugu, ikaskuntza pertsonalizatzea ahalbidetuko duen DUA ikuspegia emanez. Irakasleek autoerregulazio-plantillak programatzen dituzte, eta ikasleentzako lan-gida dira. Irakasleek, beren irizpide pedagogikoaren arabera, erabakitzen dute zein proposamen diren nahitaezkoak, aukerakoak eta borondatezkoak.

Giroen egitura komunitateka garatzen da: erdikoak (Lehen Hezkuntzako 1., 2. eta 3. mailak) eta adinekoak (Lehen Hezkuntzako 4., 5. eta 6. mailak). Haur-hezkuntzan bezala, adinak nahasten dira eta ikasleek aukeratzen dute zein adinetara joan nahi duten. Lehen hezkuntzan, talde egonkorrak txandakatzen dira ingeleseko girotik igarotzeko. Adinekoen komunitateak, inguruneak aukeratzeaz gain, tailerrak ere baditu, non ikasturtean zehar tailer guztietatik pasatzeko ardura duten. Azkenik, Lehen Hezkuntzako bigarren mailatik aurrera garatzen den ikasgelako proiektuen egitura dago.

Ordutegien antolaketan ikus daitekeenez, egitura batetik bestera igarotzeko nahiz patiotik bueltan ibiltzeko, *MindUp + "aho bizi"* programa aplikatzeko denbora eskaintzen da ordutegiaren barruan. Programa horren helburua euskara garatzea da, ipuinen, abestien, aho-korapiloen, igarkizunen eta abarren bidez.

Horrez gain, jolastokiko denbora dugu. Bertan, 6. mailako ikasleek jolastoki *inklusiboko proiektu* bat egiten dute, Mendigoitiko gainerako ikasleei eskaintzeko joko-proposamenekin. Nabarmendu behar dugu oso esperientzia aberasgarria dela, non ikasleek kontzientzia hartzen duten eta komunitatearentzako lan-rol aktiboa duten.

Espazioen antolaketa

Ikasteko inguruneak eta espazioak sortzea ardatz bat da Mendigoitin, ikasleen autonomia eta ikaskuntza garatzeko. Pupitrearen antolaketa hautsiko dugu. Bertan, saioz saio, ikasleek eserita egon behar dute, irakasleek ezarritako jarraibideei jarraituz. Parkash Nair-en hitzetan, "Hezkuntza-espazioek abegikorrak eta seguruak izan behar dute; aldakorrak eta pertsonalizatuak; jarduera-aniztasuna hartzeko gai izan behar dute, eta mezu positiboak helarazi behar dituzte [...]. Ikasle txikienek gauzak beren kabuz mugitzeko espazioak izan behar dituzte, beti heldu bati laguntza eskatu beharrean. Funtsean, asmoa da ikaskuntza-ingurunearen diseinua haurren benetako beharretan oinarritzea eta haurren garapenari buruzko ikasketetan oinarritzea, adin-tarte desberdinetan".

Hori dela eta, gaur egun Mendigoitin ditugun ikaskuntza-giroak azalduko ditugu jarraian.

Espazioen antolamendua

Haur Hezkuntzako	1., 2. eta 3. mailak	Mugimendua, Natura, Sinbolikoa, Arotzeria, Argiak eta Itzalak, Tinkering, Sortzailea, Baratzea
Lehen Hezkuntzako	1., 2. eta 3. mailak	Mate-matte, Amaiur, Arotzeria, Konta-Katilu, Lego, Tinkering, Baratzea
Lehen Hezkuntzako	4., 5. eta 6. mailak	Sukalde sortzailea, Kalaka, Esperimentuak, Botanika, Historia, Irratia

Musikako laborategia, Psikoko laborategia, Ikasnova laborategia eta korridoreak

Ikasgela guztietan aurkitzen ditugu hizkuntza, matematika eta zientziak garatzeko pro-posamenak eta materialak. Giro baten edo bestearen arteko aldea da proposamen bat edo gehiago daudela, eta horiek ere curriculumaren garapenerako balio dute.

Parte-hartzeko txanda

Hizlari bakoitzeko bi parte-hartze bakarrik jaso dira.
Nafarroako Eskola Kontseiluaren webgunean jardunaldien bideoak daude
(https://consejoescolar.educacion.navarra.es/web1/)
eta bertan parte-hartze guztiak ikus daitezke.

Marta Torrijos Muelasen hitzaldiaren ondoren egindako galderak

Iosu Repáraz Leizaren galdera

Ikusten dut teoriaren eta praktikaren arteko zirkulua ixten ari dela, eta erantzuna ematen ari zarela egiaztatua dagoen ideia honi ere: alegia, neurohezkuntza izan daitekeela ikasteko arazoei eta zailtasunei ere aurrea hartzeko tresna.

Zer esperientzia ari dira izaten arlo horretan, irakasleen etorkizuneko ikasgeletan barne?

Marta Torrijos Muelasen erantzuna

Unibertsitateari dagokionez, pena ematen zidan ikerketa argitaratzen ditugun paperetan gelditzeak, ingelesez argitaratzen baitira, ikerketan nagusi den hizkuntzan. Ikasleentzat hori zaila da. Neuromitoekin ikusi dugunez, horiek indarrean jarraitzen dute, besteak beste, zaila delako hizkera zientifikoa ulertzea; gainera, ingelesez egonik, are zailagoa da.

Aurten eginen duten jardunbideetako batean nerabezaroa landuko dute. Asko ari dira ikertzen nerabezaroari buruz.

Ditugun ikasleei, nerabezarotik oso hurbil baitaude, asko ikertzen diren gaien zerrenda bat ematen diegu, eta ikasleek erabakitzen dute zer ikertuko duten (elikadura-jokabidearen nahasmenduak, osasun mentala, gizarte-harremanak, etab.), eta haiek mugatzen dute gaia. Pixkanaka, zerbait handiagoa eraikitzen saiatzen gara.

Lehenik eta behin, ulertu behar dute jakintza beharrezkoa dela.

Aste hau, burmuinaren astea baitzen, ikastetxe batera joaten ziren lehen aldia izan da, eta segurtasunez zapaldu ahal izan dute ikasgela, lan asko egin baitugu, zeramaten materialak oinarri zientifikoa baitzuen.

Eskoletako ikasle batzuek neuronak egin dituzte papier mâché teknikarekin.

Neurohezkuntzaz ari garenean, ikasleek emandakoaren halako bi itzultzen dizute.

Hain zehatzak izan gara hizkuntzaren garapenean, haurrekin komunikatzeko moduan, haurrengana nola rits gaitezkeen azpimarratuz (beren muina garatzen ari da), non kasleek materialen zerrenda pasatzen didatenean zehazten baitute, besteak beste, behar dutela metro bateko luzerako eta 5 cm-ko zabalerako zinta bat, horia, eztiaren kolorekoa. Nik esan beste kolore batekoa izan daitekeela, eta haiek ezetz. Eztiaren kolorekoa izan behar duela, axoien mielina egiteko.

Hain zuzen ere, zintaren kolorea oso garrantzitsua zen Lehen Hezkuntzako 3. mailako haurrek historia buruz ikas zezaten eta esanguratsua eta garrantzitsua izan zedin haientzat.

Orduan, hori ikasgeletara eramaten ari gara? Ikasgela bueltan ematen hasi zaigu, eta hori da liluratzen gaituena. Oinarri zientifiko batekin lan egiten duzunean, eta ikasleei azaltzen diezunean zer prozesutan dauden, haiek ere hizkuntza horretan hitz egiten dizute bueltan.

Koldo Sebastián del Cerroren galdera
Zure inspirazio-iturriak partekatzeko duzun gaitasun hori aprobetxatuz, besterer bat ere ematen ahal zeniguke neurohezkuntzaren inguruan duzun sormenaz elika gaitezen?

Marta Torrijos Muelasen erantzuna
Hidrataziorik handiena izan dugu baliabide ekonomikorik gabeko elkarte soziokultural batean lan egitea, gogotik saiatu behar izan baitugu kalitatezko hezkuntza eta prestakuntza eskaintzeko.

Biziki gomendatzen dizuet iturri nagusietara jotzea beti, hezkuntza ez-formaleko iturrietara alegia.

LOMLOEren azken eguneratzera arte, Haur Hezkuntzan gaitasunen arabera egiten zen ebaluaketa. Nik 2010. urtetik daramat hezkuntza ez-formaleko gaitasunei buruz hiz egiten.

Gaitasunak hezkuntza ez-formalean sortu ziren.

Hezkuntza ez-formala inflexio-puntu garrantzitsua izan da nire bizitzan.

     Neurohezkuntza: nola ikasten du garunak?. ISBN: 978-84-235-3694-8

Bidaiatzea ere garrantzitsua da, laguntzen baitigu gure ingurunetik irteten eta beste ikuspuntu batzuetatik begiratzen gauzei. Irekitzeko, ulertzeko, beste pertsona batzuei entzuteko eta mundu gehiago dagoela ikusteko aukera hcri ikasgelara eraman daiteke eta ikasgelara transmititu.

David Bueno i Torrensen hitzaldiaren ondoren egindako galderak

Sonia Rivas Borrellen galdera
Ikasgeletan egon daitekeen estresaren aurrean, honako galdera hau sortzen zait: nola hezi ikasleak frustrazio optimo horretan, modu motibatzailean esanez erronka horretara iritsi beharra dutela?

David Bueno i Torrensen erantzuna
Lehenik eta behin, geure buruari galdetu behar ciogu zein den erronka hori. Erronka helduok jartzen dugu edo ikasleek jarri behar dute? Haur txiki batentzat erronka jostatzea da, baina helduok esaten diogu: ez jostatu, zikinduko zara-eta; orduan, haur horrek ezin du erronka hori bete. Edo zuhaitzetik jaisteko esaten diogunean, min hartuko duelako. Horrela, erronka berriei aurre egiteko gaitasuna segatzen diegu.

Hala ere, nerabezaroan eskatzen diegu bizitzarako helburuak ezar ditzatela eta erresilienteak izan daitezela, baina umetan hori ikasteko garaia zutenean ez genien uzten.

Horretan lehenbiziko urtetik hasi behar da, katuka ibil daitezen utziz.

Gizartean alergiak ugaritu izanaren arrazoietako bat da naturarekin kontakturik ez izatea, eta gero gure immunitate-sistemak ez du onartzen gure ingurunekoa dena.

Nota onak ateratzea al da erronka? Marina Garcések Escuela de aprendices izeneko liburu bat du, eta bat gatoz gauza askotan, hura psikologiatik eta ni neurozientziatik; berak dio igaro garela doktrinatzean oinarritutako hezkuntzatik erauzketan oinarritutakora, eta orain denek eman beharra dutela ahal duten guztia.

Halaber, batzuk erosoago daude ahal duten guztia eman beharrean gutxiago emanez, maximoak estresa eragin dezakeelako. Auzi konplexua da. Oreka aurkitu behar da; aitzinamendua lortu behar dugu, baina estres-maila horretara iritsi gabe.

Leticia Garcésen galdera
Zer iradokitzen dizu "epigenetika" hitzak?

David Bueno i Torrensen erantzuna
Lehenbizi, genetikaz hitz egin beharko genuke pixka bat. Gure gorputzak funtzionatzen du jarduera metabolikoa zuzentzen duten programa genetikoei esker.

Geneak garrantzitsuak dira, baina oso garrantzitsua da, halaber, nola funtzionatzen duten jakitea. Muskulu-zelula batek neurona batenak ez bezalako geneak ditu aktibo, funtzio desberdinak dituztelako. Oinarrizko bi mekanismo daude zer genek funtzionatuko duten ezartzeko:

Batetik, mekanismo azkarra eta moldagarria dago; argia piztuta egon dadin, denbora guztian zapalduta eduki behar den etengailua bezalakoa da. Etengailua zapaltzeko teknika hori genearen proteina batzuk dira; horiek esaten diote zerk funtzionatu behar

duen. Sistema hori oso garestia da energiari dagokionez; izan ere, proteina bat ekoitzi behar da, gero, behar ez denean hondatzeko, interferentziarik egin ez dezan, eta horrek energia metaboliko asko kontsumitzen du. Gene horiek beti aktibatuak edo desaktibatuak egon behar dute.

Bestetik, badira beste sistema batzuk: marka epigenetikoak. Trafiko-seinale gisakoak dira; genearen aurrean gehitzen dira eta esaten diote ez duela inoiz funtzionatuko edo hemendik aurrera beti funtzionatuko duela eta, kasu honetan, konplexuagoa da, marka desberdin asko daudelako, beti delako beti intentsitate handiarekin, beti gutxirekin, beti erdizka... Marka horiek zelula bakoitzaren funtzioaren arabera ezartzen dira, eta hori genetikoki programatua dago.

Baina marka horietako batzuk inguruarekin izandako kontaktuaren bidez ezartzen dira, geneen funtzionamendua pertsona hori jaio eta bizi den ingurunera egokitzeko. Adibide honekin erraz ulertzen da: norbait Groenlandiako inuiten talde batean jaiotzen bada, haren metabolismoak askoz bero gehiago sortu beharra du ez izozteko, tropikoan jaiotako norbaiten metabolismoak baino; azken kasu horretan kontrakoa egin beharra du, izerditu, barrengo beroa lurruntzeko.

Egiaztatua dago egoera sozial askok marka epigenetikoak eragiten dituztela. Kontua ez da zer lotura dauden neuronen artean, baizik eta nola funtzionatzen duten lotura horiek.

Adibidez, arratoi emeek kumeak elikatzen dituzte, beroa ematen diete, haiekin jostatzen dira, garbitu egiten dituzte. Aske bizi direnean, emeak lasterka ateratzen dira janari bila eta berehala itzultzen dira. Esperimentu batean, kumeak jaio eta lehenbiziko bi asteetan (hori gizakietan lehenbiziko hiru urteen parekoa da), ama eta kumeak bereizi egiten zituzten egunean hiru orduz. Kumeei elikadura ematen zieten eta manta elektriko bat jarri hotzik ez izateko, baina ez zen inor jostatzen haiekin. Bi asteen buruan, ikusi zen kumeak erasokorrak bihurtu zirela, eta ez zirela hain lagunkoiak. Jakin-minaren ordez, beldurra sentitzen zuten. Marka epigenetiko desberdinak daude geneetan, hala nola oxitozinarekin zerikusia dutenak, eta horiek kontrolatzen eta kudeatzen dituzte portaera sozialak

Giza espeziean, korrelazio-azterlanak egin dira bizitzako lehen urteak umezurztegietan igaro dituzten haurrekin, non ez baitzeukaten sostengu emozionalik eta sentitzen baitziren bakarrik, babesik gabe, interesik gabe eta defentsarik gabe. Marka epigenetikoak berdinak dira bi kasuetan.

Marka epigenetikoak ez dira erraz zuzentzen; modu bakarra da esperientzia berrien bidez konpentsatzea, hala neurona-konexio berriak egiteko. Izan ere, urte askotan irauteko diseinatuak daude.

Gauza bera gertatzen da erretzaileekin, kearen toxikotasunarekiko erresistentzia handiagoa eragiten duten marka epigenetikoak sortzen baitituzte. Erretzeari uzten diotenean, 20 urte behar izaten dira marka epigenetiko horiek biriketatik desagertu arte, baezpada mantetzen baititu gorputzak, berriz erreko balute ere.

Bizitzako lehen urteetan abusuak jasan dituen haur baten marka epigenetikoak gerran ibilitako soldadueak bezalakoxeak dira, eta hori giroaren garrantziagatik da.

Neurohezkuntza: nola ikasten du garunak?. ISBN: 978-84-235-3694-8

Javier Tirapu Ustárrozen hitzaldiaren ondoren egindako galderak

Koldo Sebastián del Cerroren galdera

Lehenbizi hunkitu egiten gara eta gero pentsatzen dugu, baina gure emozioei buruz pentsatzeak badu eraginik emozionatzeko moduan?

Javier Tirapu Ustarrrozen erantzuna

Nire ustez, emozionatzeko moduak zerikusia du pertsona bakoitzaren ikaskuntza-historiarekin, izan dituen bizi-esperientziekin. Pertsona bakoitza izaki bakarra eta errepikaezina da. Pertsona baten garuna ez da berdina urte bat duenean, edo 2 edo 3 dituenean. Garun batek milioika burmuin ditu, pertsona baten historia osatzen dutenak, eta horrek eragiten du denboraren poderioz aldatuz joan dadin.

Esaten da haserretzen garenean haserre hori kontrolatu behar dela; behetik gora aktibatzen gara, hau da, lehenbizi sentitu egiten dugu eta gero pentsatu. Ezin da burmuinaren diseinuaren aurka joan, esaten baitigu emozioek bide asko dituztela arrazoian eragiteko; arrazoiak, ordea, ez du bide askorik emozioetan eragiteko. Izaki arrazionalak gara, baina izaki emozionalak ere bagara, eta, beraz, intuitiboak. Nik honela definitzen dut intuizioa: posibilitate baten eta emozio baten arteko marruskaduratik salto egiten duen txinparta da. Eta intuizio horri jarraitu eta konfiantza izan behar dugu, horrek gizatiar egiten baikaitu.

Ikusle baten galdera

Emozioari buruzko gogoeta izugarri gustatu zait, baita zorionaren gizarteari buruzkoa ere. Jakin nahi nuke zer iritzi duzun ikasleei bitarteko digitalak emateari buruz eta ikasgeletan gero eta gehiago erabiltzen diren programa digitalei buruz.

Javier Tirapu Ustarrrozen erantzuna

Haurrei enpatiaren gainean asko irakatsi behar diegu; erakutsi behar diegu haiek beren buruak maitatu nahi badituzte, besteak maitatu behar dituztela, eta beren buruak ezagutu nahi badituzte besteak ezagutu behar dituztela.

Autoestimua honela definitzen dut: zeure burua ezagutu izanagatik poz-pozik egoteko gaitasuna, alde batera utzita zer egiten duzun.

Arlo digitalari dagokionez, haurrekin esku hartzeko programa asko ez daude diseinatuak garunaren ezagutza oinarri hartuta. Hezkuntza-programa askok ez dute oinarri zientifikorik.

David Castrillo Álvarezen hitzaldiaren ondoren egindako galderak

Ikusle baten galdera

Gatazkak sortzen direnean hezkuntza-premia bereziak dituzten ikasleen artean, gainerako ikastetxeetan gerta daitekeen bezala, badago gatazka horiek kudeatzeko beste modurik, protokolo gisa ezarririk?

David Castrillo Álvarezen erantzuna

Gatazkak sortzen cirenean, diziplina positiboa oinarri hartuta esku-hartzen dugu, eta horrek gonbidatzen gaitu okabide horren atzean zer dagoen begiratzera. Jakina, prestakuntza oso garrantzitsua da gatazka batean laguntzeko. Gatazkaren intentsitatearen edo jarraitutasunaren arabera, behar izanez gero, protokoloak irekitzen ditu Bizikidetza Batzordeak.

Garrantzitsua da astero (lehen hiru hilean behin egiten genuen) irakasleak biltzea etengabeko hausnarketa, ebaluazioa eta jarraipena egiteko.

Ikusle baten galdera

Nola kudeatzen dira hezkuntza-premia bereziak dituzten ikasleen EH/PT gela horiek, eta zer prestakuntza ematen zaie ikastetxera iristen diren irakasle berriei testuinguru horretan lan egin ahal izateko?

David Castrillo Álvarezen erantzuna

Duela bi urtetik hona, Nafarroako Gobernuak ikasturte hasierako jarraibideetan ezartzen du EH/PT-ko esku-hartzeak egin behar direla irakaskuntza partekatuaren bidez, eta esku-hartzeari erantzuteko ereduan oinarrituta. Beti gela barrenean egiten da, inoiz ez da ikaslea ateratzen, ateratzea bereiztea delako, eta beti hartu behar da kontuan inklusioa. Hezkuntza-premiak denok ditugu, baina ez dugu behar bera une berean ikaskuntza bera egiteko.

Irakasleen prestakuntzari dagokionez, oso garrantzitsua da norberaren jarrera, baina ikastetxeak beti ematen du jardunbide egokietan oinarritutako laguntza. Nahiz eta bakoitza bere prestakuntza egiten ari, beti partekatzen ditugu ezagutzak, elkarri laguntzeko aukera ematen baitigu. Azpimarratu nahi nuke ikastetxe baten lana ez dela irakasleak prestatzea, baizik eta ikasleak. Jakina, ikastetxeak lagundu egin behar die irakasleei. Azkenean, hezkuntzako profesionala norbera da eta, beraz, prestakuntza hori ez da beste batzuen erantzukizuna. Hezkuntza Departamentuaren ardura izan daiteke ahalik eta prestakuntza-aukera zabalena eskaintzea, baina norberaren ardura da prestakuntza.

Neurohezkuntza: nola ikasten du garunak?. ISBN: 978-84-235-3694-8

Mahai-ingurua
Neurohezkuntzaren erronkak eta mugak

Moderatzailea: Koldo Sebastian del Cerro
Honaklo hauek esku hartu dute:
David Bueno i Torrens
UB-EDU1ST Neurohezkuntza Katedraren zuzendaria. Irakaslea eta ikertzailea Bartzelonako Unibertsitateko Genetika Biomediko, Genetika Ebolutibo eta Garapen Genetikako Atalean.
David Castrillo Álvarez
Lehen Hezkuntzako maisu espezialista. Mendigoiti IPko ikasketaburua.
Marta Torrijos Muelas
UCLMko Cuencako Hezkuntza fakultateko Psikologia Saileko irakaslea.

Hitzaurrea

Ez dago inolako zalantzarik: pentsatzen, sentitzen eta egiten dugun guztia gure burmuinaren emaitza da. Guztia. Horregatik, ezinbestekoa da burmuina ezagutzea oinarri, egiaztapen eta ebidentzia zientifikoak erabiliz, horiek lagunduko baitigute ulertzen eta onartzen gure irakaslana ez dela jarduera hutsa gure ikasleen arreta, memoria, motibazio, komunikazio, kudeaketa emozional edo, oro har, ikaskuntzaren gainean.

Nahiz eta hori guztia gure lanaren zati erabakigarria izan, badago are garrantzitsuagoa den zerbait.

Erantzukizun nagusia, hau da, hezitzaile gisa daukagun ardura nagusia ondorioztatzen da egia serio batetik: gure irakaskuntza eraginak modu berezian eraldatzen du gure ikasleen garuneko kableatua.

Nahi zein ez, gure zereginarekin ikasle bakoitzaren garun garapenean eragiten dugu, hobekiago edo okerrago. Salbuespenik gabe. Beti.

Beraz, gure jarduna ez da inoiz hutsala.

Horrek aukera ematen digu zirkuitu egokien ezarpena sustatzeko eta interkonektibitate sare eraginkorrak zabaltzeko, baldin eta badakigu zeintzuk diren, nola funtzionatzen duten, nola erlazionatzen diren haien artean eta zirkuitu horiek heltzeko prozesua zein den.

Oxfordeko Unibertsitateko neurozientzian doktore Francisco Mora Teruelek dioen bezala, *"ezin da eskularru bat diseinatu, esku bat zer den jakin gabe"*.

1. galdera

Neurohezkuntzak zer erronka dakarzkie metodologiari eta irakaskuntza eredu hedatuenei eta, ondorioz, irakaskuntza rol konbentzionalari?

Marta Torrijos Muelasen erantzuna

Etengabe ikasten ari gara, eta irakasle bat ohartzen bada bere benetako motibazioa irakasteko adina ikasteko gogo izatea dela, dena ongi doa.

Etorkizuneko maisu-maistren prestakuntzaren ikuspegitik, erronka hau hautematen dut nik, besteak beste: Hezkuntza fakultateetan sail asko ditugu, hala nola Didaktika Saila, Zientzia Esperimentaletakoa, Gorputz Hezkuntzaren Didaktikakoa, Psikologiakoa eta Literaturakoa.

Metodologia berri horiekin sail guztietara iristea oso zaila da eta, hala ere, zeharkakoa da guztientzat.

Beraz, etengabeko prestakuntza da erronketako bat, hain berria den ebidentzia zientifikoa ahaztu gabe.

Erronka horren barruan egon behar du, halaber, neuromitoak desagerrarazteak, ikasteak (baina ongi ikasteak) eta, horrez gain, ahalik eta gauza gehien jakiteak. Neuromitoek irakasleengan dituzten ondorioak aztertzen ari gara, eta bada ebaluatzen hasi garen zerbait: "ez dakit" erantzuna. Erantzun horretan egon behar da, beharbada, prestakuntza gehien.

Garrantzitsua da onartzea irakastea gustuko duen edozein irakaslek edo hezitzailek neurri berean izan behar duela gustuko ikastea; etengabeko ikaskuntza horrek berekin ekarri behar du ongi eta ebidentzia zientifikoan oinarrituta ikastea.

David Bueno i Torrensen erantzuna

Guztiz ados nago Martak esandakoarekin.

Nik beste bi gai gehituko nituzke.

Horietako bat da, duela gutxi arte, garunaren funtzionamenduaz genekien guztia (adibidez, nola ikasten duen, zer motibazio dagoen, emozioek ikaskuntza erraztu dezaketela...) artikulu zientifiko ulergaitzetan islatzen dela eta horiek hizkuntza oso espezializatuan idatziak daudela; beraz, zaila da horiek ulertzea eremu zientifikotik kanpo.

Horregatik, niretzat erronketako bat dibulgazioa da. Dibulgazio horrek aukera emanen du lan horietatik garrantzitsuena ateratzeko eta modu ulergarrian azaltzeko hori erabiliko dutenei, hau da, irakasleei, baina modu serioan, zabaltzen den bakoitzean zorroztasun zientifikoa galtzen baita. Zientzia zientzialariek idatzita dagoenean, zaila da ulertzen, hitz bakoitzak bere esanahi zehatza duelako, anbiguotasunik gabe. Hizkera herrikoiak eta ulergarriak zorroztasuna galtzen du. Asmoa da zorroztasun handiena gordetzea, baina neuromitoetan erori gabe.

Bigarren erronka filosofikoa da. Badakigu garunak modu askotan ikasten duela. Javierrek azaldu duenez, beldurra ikasteko motor handia izan daiteke, beldurrez ikasten duguna jakin-minez ikasten duguna baino askoz hobeki atxikitzen baitugu.

Neurozientziak bide asko irekitzen dizkigu, eta aukeratu behar dugu hezkuntzan zer bide nahi dugun. Eta hori ideologikoa da. Norbaitek esaten badigu ideologiarik ez duen zerbaitetan oinarritutako hezkuntza sistema bat dagoela, ez da egia. Irakaslea izanda, azkarrak ez diren ikasleak zigortzen baditut, azkarrak motibatzen ari naiz, baina ikasleetako batzuk sakrifikatzearen kontura. Horrela irakasten zen, duela hamarkada batzuk.

Planteatu behar da zer gizarte eraiki nahi dugun etorkizunerako.

Garunak guztia ahalbidetzen du, guztiari egokitzen zaiolako, eta orain erabaki behar da zer nahi dugun.

David Castrillo Álvarezen erantzuna

Neurohezkuntzak planteatzen digun erronka bikoitza da: alde batetik, hausnartzea hemen zertarako gauden eta zer gizarte mota eraiki nahi dugun; eta, bestetik, ebidentzian oinarritutako estrategia pedagogikoak aukeratzea, lortu nahi ditugun helburu horiek lortzeko.

Irakasle naizen aldetik, neurohezkuntzak egin didan ekarpen handiena hauxe izan da: nire praktikei buruz hausnartzea eta egiten dudanarekin kritikoa izatea, kontuan hartuta pentsamendu kritikoa ez dela kritikatzea, baizik eta gelditzea eta introspekzioa egitea, neure buruari galdetuta zer ebidentzia ditudan ikaskuntza proposamen bat garatzeko edo metodo bat edo beste bat aukeratzeko garaian.

David Buenok adierazi duenez, ikerketaren eta ikasgelaren arteko zubi lana egitea da erronketako bat. Horixe da, hain zuzen ere, ikertzaileen eta unibertsitateen erronka.

Irakasle gisa, uste dut gure erronka ez dela dibulgazio lana egitea, baina ikerketa ere kontuan hartu behar dugu. Alde horretatik, gure erronka da literatura zehatza maiz irakurtzea, eta aipatzekoa da estatistikak ez direla oso positiboak, irakasleek, oro har, gure lanbidearekin zerikusia duten gaiei buruz gutxi irakurtzen dugula adierazten baitute.

2. galdera

Zuen ustez, garunaren funtzionamenduaren ezagutzak alderdi kognitiboa gainditu behar du, eta berdin eragin behar die alderdi fisikoari, emozionalari eta sozialari?

David Bueno i Torrensen erantzuna

Bide luzea dago egiteko, emaitza asko pertsona zehatz batzuengandik lortu baitira (estatistika), ingurune oso zehatzetan eta laborategiko baldintzetan, homogeneizatu ahal izateko. Oraindik falta da —nahiz eta egiten hasi den— esperimentu horiek kontrolpeko baldintzetan eramatea testuinguru ekologiko batera, hau da, ikasgelara, non kontrolatu ezin diren parametro asko baitaude, hala nola haurren familia testuingurua. Bestalde, testuinguru ezberdinak dira herri txiki bateko ikasgela bat, non pertsona guztiek elkar ezagutzen duten, eta hiri handi bateko ikasgela bat, non ikasle batzuek beste batzuk existitzen direla konturatzen baitira ikasturte amaieran, beti joan direlako beste ikasgela batera eta ez dutelako inoiz ezertarako interakziorik izan. Testuinguru ekologiko desberdinak dira.

David Castrillo Álvarezen erantzuna

Davidek dioen bezala, asko dago deskubritzeko.

Nire ustez, guztira zabaldu behar du. Bai Gipuzkoan bai Nafarroan ibili naizen eskoletan, ikusi dut arreta handia jartzen dugula arlo kognitiboan eta curriculumaren garapenean, eta alde batera uzten ditugula beste alderdi batzuk, hala nola fisikoa edo emozionala. Izaki osoak gara: garunarekin ez ezik, gorputzarekin eta nerbio sistema osoarekin ere ikasten dugu.

Tirapuk "zirkulartasun errekurtsiboa" eredua adierazi ohi du, funtzio betearazleak garatzeko. Eredu horretan azaltzen duenez, sistema kognitiboek sistema emozionalei, fisikoei, sozialei eta abarri eragiten diete, eta alderantziz norabide guztietan, hau da, sistema guztiek elkar elikatzen dute.

Funtzio betearazleen azterketan, Adele Diamond da beste erreferente bat; haren azterlanen arabera, funtzio betearazleak ez dira soilik ikuspegi kognitibotik landu behar, baizik eta gaitasun sozialak, emozionalak eta fisikoak ere kontuan hartuta landu behar dira.

Mendigoiti IPn garrantzi handia ematen diogu horri guztiari, eta, horretarako, ikasleak jartzen ditugu erdigunean, eta izateari ematen diogu garrantzia.

Gizarteak askotan mezu hau helarazten du: ikasi (jakintzak eskuratu), lana, autoa, etxea eta abar izateko (eduki) eta zoriontsua izateko (izan). Guk horri guztiari buelta eman nahi diogu, eta honako honi buruz hausnartu: itu bat izanen bagenu, nor jarriko genuke erdian? Ikasleak ala curriculuma? Hau da, ikasleak erabiltzen ditut curriculuma emateko, edo curriculuma erabiltzen dut pertsona bat eraikitzeko? Oso ikuspegi desberdinak dira, irakaskuntza-ikaskuntza prozesuei ekiteko modua aldatzen dutenak. Guk pertsona jartzen dugu erdigunean, eta pertsona horrek biltzen dituen dimentsio guztiak hartzen ditugu kontuan, gure hezkuntza erantzuna bideratzeko. Horretarako, ikaskuntza globalizatuko estrategiak erabiltzen ditugu. Estrategia horietan, ezagutza ez da zatikatzen elkarren artean loturarik ez duten irakasgaietan, eta ez dugu arreta jartzen konpetentzia garrantzitsuetan edo alderdi akademiko hutsean.

Marta Torrijos Muelasen erantzuna

Garrantzitsua da ikasleak ikaskuntzaren erdigunean jartzea. Iaz, nire gelako ikasleek pila bat irakatsi zidaten. Konfiantza zer den ikasi genuen, eta oztopoak hausten ere bai. Kognitiboa den guztia ezagutu ahal izateko, distantzia emozionala ezabatu behar dugu. Ikasgela batean lehen ilarak okupatuta ez daudenean, distantzia fisikoa izateaz gain, irakaslearen eta ikasleen arteko distantzia emozionala sortzen da, plano berean ez daudelako. Kognitiboa den guztia landu ahal izateko, beharrezkoa zen distantzia fisiko hori haustea. Pandemiaren ondoren, ikasleei ikasgelako atzealdean esertzen uztea ikaragarria iruditzen zitzaidan.

Gomendio bat eman nahi dizuet: Happy Healthy Toolkit izeneko aplikazioa. Ikasgelan erabiltzeko oso tresna indartsua da, eta lan egiteko txartel batzuetan oinarritzen da. Txartel horien bidez, ikasleek badakite une bakoitzean zer behar duten; halaber, distantzia emozional hori hausten eta ikasleengan konfiantza izaten laguntzen du. Distantzia emozional horiek hausten direnean, ikasleekin hitz egin daiteke, eta orduan badakizu zer premia kognitibo dituzten, eta, beraz, tresna gehiago dituzu eskura. Garrantzitsua da alderdi fisikoa eta emozionala uztartzea, hau da, hezkuntza holistikoa.

3. galdera

Zer eginkizun izan dezakete ikastetxeek garunaren funtzionamenduari buruzko ikerketan, ikaskuntzari dagokionez?

David Castrillo Álvarezen erantzuna

Ikastetxeez baino gehiago hitz eginen dut horietan lan egiten dutenez, ikastetxe bat ez baita ezer hura osatzen duten pertsonak gabe. Alde batetik, uste dut ikerketak egiteko eskatzen ahal dugula eta hala egin behar dugula, eta, bestetik, eta horrekin hertsiki lotuta, ohitura bat sortu behar dugula, profesionalek ikasgeletan egiten duguna zalantzan jartzeko, eta

"betidanik horrela egin da" estrategiatik urrundu. Horretarako, funtsezkoa da geure buruari galderak egitea etengabe.

Zoragarria izanen litzateke, halaber, unibertsitateekin lankidetza sareak eta zubiak sortzea, eskolek, ideia-programa-metodo bat ezarri aurretik (denbora eta ahalegina eskatzen baitu), metodo zientifikotik ebaluatu ahal izan dezaten, horrek ikaskuntzan duen eraginari buruz hausnartzeko eta haren ezarpena modu kritikoan baloratzeko. Horretarako, eskolek prest egon behar dute ikasleak eskaintzeko ikerketa horietarako.

Marta Torrijos Muelasen erantzuna

Hain zuzen ere, eskolaren eta unibertsitatearen arteko zubi hori behar dugu, oso beharrezkoa baita. Niri gustatzen zait ikasturtea amaituta nire ikasgela uzten duten ikasleek jakitea ikertzaileak direla. Garrantzitsua da ideia hau izatea: ikerketak asko hartzen du eta egunez egun egiten dugu etengabe. Irakasleek ere ikasgelako ikaskuntza prozesuen ikertzaile sentitu behar dute, ikusi behar baita zer funtzionatzen duen eta zer ez, eta gero feedbacka eman unibertsitateei, ikasgelan dauden irakasle eta ikasleei esker lortzen baita argitaratzen denaren balio ekologikoa.

Unibertsitatearen eta Eskolaren arteko zubi horretan kolokan dagoen alderdietako bat burokratikoa da. Garrantzitsua litzateke administrazioaren gai osoa indartzea.

David Bueno i Torrensen erantzuna

Hain zuzen ere, mugak eta oztopoak daude, eta oztopo horiek haustea da erronka. Irakasleak eta ikasleak dira benetako protagonistak; izan ere, ikerketa behaketa da, ez zientzialariek esaten dutena sinestea, baizik eta iragazi eta aztertu egin behar da, eta zuen datuekin ikusi nola erabil dezakezuen. Nire ustez, zientzia hori landu behar da oraindik.

4. galdera

Nola eragin diezaieke gure ikasleei, haien adina edozein dela ere, birtuala den guztiak pixkanaka manipulazio metodologia analogikoak ordezteak?

David Bueno i Torrensen erantzuna

Gai honi dagokionez, nire ustez bi alderdi kezkagarri daude. Lehenengoa lehen haurtzaroan izaten da; izan ere, garai horretan garunak ikasi behar du zentzumen guztietatik sartzen diren informazioak integratzen, errealitatearen pertzepzio bateratua sortzeko, baliagarria izanen dena hortik abiatuta ezagutza eraikitzen jarraitzeko. Teknologia digitalekin bi zentzumen baino ez daude inplikatuta: ikusmena eta entzumena. Horrek, ondoren, informazioa integratzeko, arrazoitzeko, hausnartzeko eta berrikuntzen aurrean malguak izateko gaitasunak mugatzen ditu, guztia jatorri bakar batetik atera baita.

Kezkatzen nauen bigarren alderdia da teknologiak erabiltzea sozializatzeko bitarteko gisa, batez ere nerabeen artean. Aplikazio horiek (adibidez, WhatsApp edo Twitter) oso erakargarriak eta erabilgarriak dira sozializatzeko, baina eguneko 24 orduetan bahitu egiten zaituzte, oso zaila baita sozializazio horretan arretarik ez jartzea egun osoan. Gizarte espezie bat gara, eta sozializazio hori bilatzen dugu. Sakelako telefonora eramaten zaituzten inputak kontuan hartzen ez badituzu, atzean geratuko zara taldearen barruan. Horrek teknologia

digitalaren erabilera luzatzen du. Egiaztatuta dago aurrez aurreko kontaktu sozialak kontaktu sozial digitalak baino askoz gehiago aktibatzen duela ildaskatua; garunaren eremu horrek sari sentsazioak ematen ditu, eta etorkizuneko sariak aurreikusteko aukera ematen du. Ongizate, erosotasun eta sari sentsazio hori gailu digitalen bidez bilatzen ari gara, baina sentsazio hori ez da inoiz izanen aurrez aurreko kontaktuaren bidez izanen genukeena baino handiagoa.

David Castrillo Álvarezen erantzuna

Espezialista batzuek gomendatzen dute lehen 6 urteetan pantailarik ez erabiltzea. Pantaila digitalak erosteari utzi, eta hezkuntza langile gehiago kontratatu beharko lirateke.

Teknologia erabili behar da, adin bakoitzean modu ezberdin batean, jakina, baina bere helburu hutserako baino ez da erabili behar. Adibidez, robotikarako ezinbestekoa da euskarri digital bat. Digitalak ezin du zehatza ordeztu inoiz. Argi dago bitarteko digitalak egon behar direla, baina nik uste dut gutxiago egon behar direla. Horrela, aurrekontu hori erabiliko da ikastetxeei bestelako materialak emateko, etapa neuroebolutiboen premiekin bat datozenak.

Marta Torrijos Muelasen erantzuna

Erabat ados nago. Atzo Davidek esan zuen bezala, "estimulatu bai, baina gehiegi estimulatu inoiz ez". Eta hori da, hain zuzen ere, ohitzearen kontzeptu psikologikoaren gakoetako bat. Jakina, oso lan digitaletarantz abiatzen gara, eta ezin dugu digitalizazio hori alde batera utzi. Kontzeptu bat dago: natibo digitalak. Gaur egungo nerabeak umezurtz digitalak dira, digitalizazio prozesu hori igaro dutelako bitarteko digitalik izan ez duten erreferentziazko helduekin, eta, beraz, heldu horiek ezin izan dietelako erakutsi nola erabili bitarteko digital horiek, ez eta ingurune horretan hezi ere.

Eskerrik asko zuen ekarpenengatik

Japonierazko esaera batek dioenez, "*Hobe da irakasle on batekin ordubetez izatea ikasten mila egun pasatzea baino*".

Ba al dago hemen "*irakasle ona*" izan nahi ez duen inor?

Ba, ekin lanari...

Eta egin dezagun ahal dugun guztia, gure ikasleei superlatibizatzen laguntzeko...

Jarraian, jardunaldiak amaituko dira.

Bukaera ekitaldia

Manuel Martín Iglesias
Nafarroako Eskola Kontseiluko burua

Berriz ere eskerrak eman nahi dizkiet jardunaldian parte hartu duten guztiei; izan ere, jaso ditugun mezuek eragin handia izanen dute gure etorkizuneko bizimoduan, eta hortaz, baita familion eta profesionalon eguneroko jardunean ere.

Ikasleak dira beti protagonista, eta ahalegin guztiak haiengana bideratu behar ditugu.

Irakaskuntza onenak ez ditu bereizten ikastea eta irakastea; hots, irakasle izanda ere, gure ikasleengandik ikasten dugu.

Kontuan hartu behar dugu ikasleek nola ikasten duten, eta, nork bere ideologia badu ere, argi dago une honetan ikasleek gaitasun desberdinak dituztela eta horietako bakoitza aintzat hartu behar dela, horrela segurtasuna eta lasaitasuna eman ahal izateko.

Horregatik, ikaskuntza orok enklabe bat izan behar du. Bizitza gaitasunak dira, eta horrek denen onura ekarri behar du, gizarte osoak aurrera egin dezan.

Jardunaldi hauek interes handia piztu dute hezkuntza-munduan, maila altua izan baitute eta gogobetegarriak izan baitira bai profesionalentzat, bai familientzat. Horrez gain, lerro exekutibo bat gainditu da; izan ere, kontseilariak esan zuen bezala, jardunaldien ondorioak Hezkuntza Departamentura iritsiko dira, eta feedback hori garrantzitsua eta beharrezkoa da.

Ikasleek sentitzen badute eskolan mugatuta daudela, espazioan, tokian eta unean, abandonua eta desmotibazioa gertatzen dira, hezkuntza monotonoegiak ez baitu aukerarik ematen aurrera egiteko, eta errepikapenetara eta hezkuntzaren porrotera eramaten baitu. Horrek esan nahi du ikasleak ez daudela behar bezala baloratuta. Agerikoa da emozioek ikaskuntzan eragina dutela. Jardunaldi hauetan argi geldituda kontuan hartu behar dugula non, zertarako eta norentzat ari garen eta nora garamatzan bide horrek.

Bukatzeko, jakin ezazue hitzaldiak, parte-hartzeak eta mahai-ingurua idatziz jasoko direla Nafarroako Eskola Kontseiluak editatzen duen aldizkarian eta monografian. Eskura egonen da kontseiluaren webgunean, formatu digitalean, eta hezkuntza-eragileei liburu formatuan ere banatuko zaie.

Hezkuntzaren alde lan egiten dugu, eta, horretarako, heztea gustuko duten eta berezko-tzat sentitzen duten profesionalak behar ditugu. Lanbideak bere-berea du hori.

Bukatzeko, gogora ekarri nahi dut Mora doktorearen aipu bat, esaten duena ezin dela ikasi landu beharreko gaiak ez badu zirrararik sortzen. Irakasle bikain batek edozein kon-tzeptu bihurtzen cu interesgarri, itxuraz gatzgabea bada ere, eta lortzen du motibatzea eta erantzuna eta harridura sortzea. Hortik aurrerako lana askoz errazagoa izanen da.

John Lennone‹ zioen bizitza dela beste plan batzuk egiten ari zaren bitartean gertatzen zaizun hori. Hortaz, hezkuntza da bestelako lan-egoera bat aurreikusita zenuenean gertatzen den hori. Gai izan behar dugu garaietara, uneetara eta, batez ere, ikasleetara egokitzeko.

Eskerrik asko etortzeagatik.